아이의
문해력이 자라나고
가족 간의 대화가 깊어지는

온 가족
책 읽기
혁명

김수현 지음

카시오페아
Cassiopeia

시간 가는 줄 모르고 무언가에 집중해 본 적이 있으신가요? 단, 스마트 기기 없이요. 요즘에는 생각보다 그런 경험이 어렵습니다. 영화관에 가서 영화를 볼 때도 여기저기서 핸드폰 액정이 번쩍거리는걸요. 핸드폰 사용으로 인해 흐트러진 우리의 집중력을 다시 회복하는 데 걸리는 시간이 무려 60일이라고 하는 연구 결과가 생각납니다. 우리는 시간 가는 줄 모르고 무언가에 집중하는 일이 이제는 몹시 어렵습니다.

그런데 아이와 함께 책 모임을 하는 날은 달라요. 놀랍게도 아이와 함께 책 이야기로 한 시간을 훌쩍 넘기곤 해요. 저도, 아이도, 손에는 종이책과 필기도구만 있을 뿐입니다. 핸드폰 없이 이렇게 종이책에 집중하는 제 모습이 낯설더라고요. 동시에 너무 뿌듯하고 재미있었습니다. 그래서 교실 속 우리 반 아이들과도 함께 했습니다. 그것도 모자라 아예 동아리를 만들어 우리 반이 아닌 다른 학년, 다른 반 아이들과도 함께 했어요. 아이들도 즐거워했지만, 사실 제일 즐거웠던 건 저였습니다. 집중하는 제 모습이 그렇게 반가울 수가 없었어요.

그렇게 6년의 세월을 꽉꽉 채웠습니다. 그래서 이제는 정말 강력하게 말씀드릴 수 있어요.

아이들은 글을 소리 내어 읽고 이해할 줄 알아야 해요.
그리고 생각할 수 있어야 해요.
여기서 그치지 않고
주체적으로 판단하고 성찰할 수 있어야 합니다.

그런데 이쯤에서 우리는 뒤돌아봐야 합니다. 우리가 혹시 아이들에게 읽는 것만 가르치고 있지는 않은지 말입니다. 아이들에게 글을 소리 내어 읽고, 이해하라고 명령만 하고 있지 않은지 말이죠.

우리 이제 그런 건 그만두기로 해요.
우리 아이들과 '함께 독자'가 되어 봅시다.
그리고 '지속적인 평생 독자'가 되어 봅시다.
온 가족이 함께 읽고 함께 나눠 봅시다.

모든 일은 밝음과 어둠을 가지고 있지요. 우리는 때로는 밝음에만, 때로는 어둠에만 집중해서 일을 그르치기도 해요. 그런데 내가 경험해 보지 못한 것들의 이야기를 읽고, 다정한 사람들과 함께 이야기 나누면요! 알게 돼요! 밝음과 함께 어둠이, 어둠과 함께 밝음이 있다는 것을요! 이것들을 보다 넓은 시야로 바라보는 힘을요! 우리도 함께 키워 봅시다.

감히 약속할 수 있어요. 여러분이 아이와 함께 읽은 그 책들, 그리고 책을 읽고 나눴던 경험들은 절대 남의 것이 되지 않는다는 것을요. 어떤 방식으로든 여러분의 것이 됩니다.

책 모임을 함께했던 우리 두 딸과 친구들! 그리고 교실에서 18년간 만났던 아이들. 특히 서울정수초등학교 2022년 6학년 3반, 2023년 6학년 3반, 2024년 4학년 1반 어린이들! '속닥속닥 북클럽' 독서동아리 멤버들! '불어라, 책 바람' 교사 동아리 멤버들에게 감사의 인사를 전합니다. 또 우리가 책 모임을 할 수 있게 좋은 책을 써 주신 작가님들께도 감사 인사를 전합니다. 마지막으로 제 워크북으로 책 모임을 진행해 주신, 전국 각지의 '김수현 선생님의 어린이 속닥속닥 북클럽' 카페 회원님들께도 감사 인사를 드립니다!

2024년 9월, 서울정수초등학교 교실에서

초등 교사 김수현

| 차례 |

 1부 ## 온 가족 책 읽기의 기초

온 가족 책 읽기의 실제

· 1부 ·

온 가족
책 읽기의 기초

WHY

·

왜 온 가족 책 읽기를
해야 할까?

온 가족 책 읽기, 설레는 시작

제 소개를 드리겠습니다

안녕하세요. 초등 교사 김수현입니다. 저는 안정적인 편안함을 사랑합니다. 그래서 교사가 되었는지도 모르겠어요. 그런데 조금 욕심을 부리고 싶었어요. 머무르고 있는 자리에서 마음 편히 잘 살되, 그 자리에서 누릴 수 있는 최대한의 재미있고 창조적인 삶을 살고 싶었고 그것이 인생의 목표가 되었습니다. 그래서 조금 더 창조적인 움직임을 제 삶 속에서 실천하고자 시간을 쪼개어 책도 여러 권 썼습니다. 아이들과 매일 교실에서 보내는 삶은 매우 창조적인 일임이 틀림없지만, 자칫하면 의미 없이 반복되는 일상이 될 수도 있거든요. 아이들을 가르치면서 '책'이라는 고귀한 물건을 창조해 가는 기쁨도 더불어 누리고 싶었습니다. 책을 세상에 내놓을 때마다 함께 읽어 주시고, 도움을 많이 받았다며 피드백 주시는 독자님들께 이 자리를 빌려 감사의 말씀을 드립니다.

아시다시피 제 직업은 '어린이'와는 떼려야 뗄 수 없으며 게다가 저는 지금 아이를 키우고 있어요. 여자아이 두 명인데요. 한 명은 인생 최고의 귀여운 시절을 막 지나고 있고, 한 명은 이제 그 시절을 지난 것 같습니다(북한군도 두려워한다는 중학교 2학년이거든요). 그러니 집안에서나 집 밖에서나, 요즘의 저는 '어른'보다 '어린이'를 더 많이 만나고 있는 셈이네요. 저는 이 책에서 특별히 '어린이들과의 독서 나눔', '어린이 독서 모임'을 주제로 여러분과 이야기를 나누고자 합니다. 어린이를 양육하시는 분들, 교실에서 아이들과 함께 '온 책 읽기'로 동화 수업을 준비하시는 초등 교사분들이 이 책을 많이 읽어 주셨으면 좋겠어요. 분명 큰 도움이 될 거라 생각합니다.

각 장은 짤막한 강의 형식의 글로 준비해 보았어요. 여러분은 제게 한 장당 10분 정도만 할애해 주시면 됩니다. 여러분의 귀한 시간을 제가 이 책 한 권으로 뺏었기에 정말 열심히 그리고 자세히 알려 드릴게요.

1부 '온 가족 책 읽기의 기초'는 독서 모임을 운영하기 위해 기초를 다지는 부분입니다. 제가 왜 독서 모임을 시작하게 되었는지, 무엇을 중점에 두었는지, 주의 사항은 무엇인지 등을 다룰 예정입니다. 독서 모임을 열고 싶은 의지는 있지만, 쉽게 행동으로 옮기지 못하는 분이 있다면 그분의 마음에 1부의 장의 내용이 더욱 가 닿길 바랍니다. 여러분이 곧바로 행동으로 옮길 수 있도록 제가 돕겠습니다. 2부 '온 가족 책 읽기의 실제'는 비로소 실전입니다. 직접 아이들과 함께 읽고 이야기 나눈 책들의 목록과 그 내용, 에피소드를 상세하게 알려 드릴게요.

이 책에 여러분의 손때가 많이 묻었으면 좋겠습니다. 밑줄로 괴롭혀 주시고, 태그 스티커로 혼내 주세요. 아이들과 함께 독서 모임을 할 때 필요한 노하우가 책 속에 있다면 과감히 접어도 주세요. 이 책은 거칠게 다뤄졌으면 좋겠습니다.

직접 대면하여 말씀드리지 못하고 '책'이라는 종이 뭉치를 매개로 하여 우리가 이렇게 만났습니다. 그러고 보니 '책'에 대한 이야기를 '책'으로 하는 이것 또한 굉장히 매력적이네요. 이 책으로 우리가 만나고 있음이 참 감사합니다.

독서 모임의 시작은 '듣는 독서'

먼저 '시작'에 대한 이야기를 들려 드리려고 해요. 아무래도 가장 궁금해하실 내용인 것 같아요. 독서 모임을 대체 어떻게 시작해야 할지 모르겠다는 질문을 참 많이 받았습니다. 그것도 어린이를 데리고 말이죠.

우리 독서 모임의 시작은 그리 거창하지 않았습니다. 시작은 그냥 '아이의 책 읽기'였습니다. 아이는 심심할 때, 딱히 해야 하는 일이 없을 때 책을 꺼내 읽곤 했습니다. 저는 아이가 아주 어릴 때부터 심심해 보이면 혹은 심심하다고 하면 그림책을 아낌없이 읽어 주었습니다. 저는 이를 '듣는 독서'라고 부릅니다. 저는 아이에게 책 들려주는 일을 게을리하지 않으려고 부단히 노력했습니다. 제가 아이에게 책을 자주 읽어 주었던 것이 습관으로 자리 잡았을 수도 있습니다. 아니면 누군가의 말대로 그저 책을 좋아하는 성향의 아이인지도 모릅니다. 어쨌든 아이는 책을 종종 읽었습니다. 어떤 책은 몹시 재밌게 빨려 들어가며 읽었고, 또 어떤 책은 시큰둥한 표정으로 묵묵히 버티며 읽었습니다. 어떤 책은 아이의 사랑을 듬뿍 받았지만, 어떤 책은 그렇지 못했지요. 어떤 책은 다 읽을 때까지 눈을 떼지 못했고, 어떤 책은 다 읽을 때까지 여러 날이 걸리기도 했어요. 저는 '우리 아이는 왜 이 책을 좋아할까? 우리 아이에게 이 책은 무슨 의미일까?'가 궁금해졌어요.

그것이 왜 궁금하냐고요? 혼자서 책을 잘 읽으니 그 모습 자체로 그냥 대견하지 않냐고요? 맞습니다. 사실 그것도 좋습니다. 책을 읽고 있는 아이의 모습을 멀리서 바라보면 얼마나 예쁜지 몰라요. 그 시간에 제가 좀 더 휴식을 취할 수도 있고요(웃음).

공감의 힘을 절대적으로 믿어라

그런데 저는 '공감'의 힘을 믿어요. 또 '함께'의 힘도 믿습니다. 무엇보다 '가족'의 힘을 믿습니다. 아이가 자신의 인생에서 만나는 희로애락을 누군가와 함께 나누기를 바랐어요. 저는 저희 아이들이 다 큰 어른이 되어도 끊임없이 누군가와 자신의 감정을 나누며 살기를 바랍니다. 즐거움은 배가 되어 짙어지고, 고단함은 잘게 쪼개져 옅어지게 말이죠. 혼자만 끙끙 앓지도 않고, 혼자만 깔깔 웃지도 않게요.

그 '함께'의 대상은 가족이 될 수도 있고, 친구나 연인이 될 수도 있을 겁니다. 저도 아이들에게 그 '대상'이 되고 싶었어요. 그래서 책을 읽으며 아이가 어떤 생각을 하는지 궁금해졌고, 그 이야기에 공감하고 싶었던 겁니다.

그런데 이렇게 깊은 이야기를 아이와 함께 나눠 본 기억이 별로 없다는 생각이 들었습니다. 그 시절 제가 아이에게 자주 하는 말은 따로 정해져 있었어요. "밥 먹자! 손 씻었니? 가방 정리는 했지? 영어 학원 숙제도 챙겼고?" 뭐 이런 것들이요. 물론 지금도 그렇지요. 제가 아이에게 일상에서 표현하는 말은 사랑을 표현하는 말이 아닌 명령과 지시로 점철되어 있었습니다.

아이와 나는 어떤 말을 주고받는가?

아이의 마음에 공감해 주고 싶다고 말하면서도 정작 '우리 아이는 무엇을 좋아할까?', '우리 아이는 무엇을 생각할까?'에 대한 이야기를 아이에게 건네 주지 못했습니다. 아이가 커 갈수록 무엇을 좋아하고 무엇을 떠올리며 그 삶을 꾸리는지, 그것에 대해 이야기하는 게 중요한 것임을 알고 있어도, 도통 그 기회를 마련할 수가 없었습니다. 얄팍한 평계를 대자면 워킹맘인 저에게 하루는 매우 길면서도 짧았습니다. '나'라는 사람이 맡은 역할이 너무 많아서 처리해야 할 일들이 너무나 많았지요. 그래서 하루가 길었습니다. 그런데 정작 '엄마'로서 보내는 시간은 턱없이 부족했어요. 그래서 하루는 또 짧기도 했습니다.

아이도 아이 나름대로 바빴습니다. 학교에 가야 했고, 학교를 마치면 학원에 가야 했으니까요. 어느 날은 집에 돌아오면 저녁 7시가 넘었습니다. 저녁 식사를 하고 나면 내일을 준비하기 위해 잠자리에 들 시간이었습니다. 얼굴을 마주할 시간이 식탁 앞 30분이 고작인 날도 많았지요.

이렇게 모두의 시간이 빠르게 흐르다 보니, 덩달아 마음마저 바빠져 버렸습니다. 아이가 읽는 책에 관해 이야기하고 싶긴 한데, 마주하는 시간은 현저히 적은 겁니다. 그래서 저도 모르게 아주 간단한 내용 확인 질문만 하게 되더라고요.

"책 주인공이 누군데?"

"그 주인공이 무슨 일을 겪는데?"

"그래서 마지막엔 어떻게 됐어?"

"무슨 장면이 제일 기억에 남아?"

이런 질문 말입니다. 흡사 인터뷰어 같은 딱딱한 질문에도 아이는 곧잘 대답해 주곤 했어요. 자신이 읽는 책에 엄마가 관심을 보여 주니, 신이 나서 이야기했습니다. 저도 아이의 대답을 끌어내기 위해 나름대로 최고의 호응을 곁들여 리액션을 해 주었어요. 그런데 아이는 이 대화에 점점 흥미를 잃어 갔습니다.

우리 모녀의 대화에서 부족한 건 무엇이었을까요?

네, 요즘 말로 '티키타카'였습니다. 우리의 대화는 희뿌연 연기 속에서 나누는 대화 같았지요. 우리는 마주 보고 서 있었지만, 서로의 눈을 보고 있지 않았어요. 그런데 희뿌연 연기 때문에 그런 줄 몰랐습니다. 신이 나서 조잘거리며 말해 주는 아이의 책 이야기에 저는 최선을 다해 이렇게 말할 뿐이었어요.

"아! 그렇구나! 와! 재밌겠다!"

아이는 처음 한두 번은 "그치? 엄마도 재밌겠지? 그래서 말이야, 그 주인공이 어떻게 됐냐면~." 하고 이야기해 주었지만, 돌아오는 제 대답이 늘 "아, 그렇구나! 재밌겠다!"이니 어느 순간 우리의 대화는 힘을 잃었습니다. 대화에 맥이 끊기고, 허공에 붕 떠 버려 갈 곳을 잃었어요. 우리의 대화는 딱 여기까지였습니다.

대화의 힘을 잃은 이유

아이가 대화에 흥미를 잃은 이유는 명확했습니다. 엄마인 제가 책을 읽지 않았기 때문입니다. 이건 드라마를 너무 재미있게 본 사람이 드라마를 전혀 보지 않은 사람과 이야기하는 것과 같아요. 내 이야기를 듣고 상대의 마음이 흔들려서 안 보던 드라마를 볼 수도 있는 상황이라면 아마 최선을 다해 드라마 홍보를 할 겁니다. 그런데 내가 아무리 드라마 홍보 대사가 되어 맛깔나게 이야기해 준들, 상대는 드라마를 볼 생각이 전혀 없다면요? 이야기하고자 하는 의지 자체를 잃겠죠. 말해서 무엇하겠어요. 어차피 안 볼 텐데요, 뭐.

그런데 같은 드라마를 공유한 사이의 대화는 차원이 다르지요. "와, 진짜 너무 재밌다." 하고 말했을 때, "그렇지? 이번 주는 정말 꿀잼이었어!" 하고 같은 의견을 내놓는 것만으로도 대화는 날개를 달고 순풍을 타기 시작하고요. "와, 그 배우 말이야. 어쩜 그렇게 연기를 잘해?" 하고 말하면, "그러니까 말이야. 연기대상 줘야 해. 소름이 다 돋더라니까!" 하는 답변이 돌아올 겁니다. 이야기를 시작한 사람은 몹시 신이 날 거예요. 공감해 주는 사람이 내 앞에 있다는 건 이처럼 큰 행복입니다. 어디 그뿐인가요? 내가 미처 모르고 지나간 장면들을 상대방이 알려 주기도 합니다. 그럼 어찌나 반가운지요. 그 마음 한 번씩은 경험해 보셨죠?

책 읽으라고 다그칠 일이 아니라

제가 책을 읽지 않았기 때문에, 또 아이의 이야기를 듣고 나서도 책을 읽을 가능성이 별로 없었기 때문에 아이는 대화 의지를 잃었습니다. 우리 아이뿐만이 아닙니다. 교실에서도 마찬가지였지요. 제가 교실 아이들과 함께 책을 읽기 전에는, 교실에서도 아이들과의 책 대화는 어렵고 딱딱하기만 했어요. 그리고 결국 그 대화는 다음과 같은 명령과 청유로 끝이 났죠. "얘들아, 책 많이 읽어라. 알겠니?" 제가 이렇게 말했을 때 아이들의 표정은 짐작 가시죠?

결국 책으로 대화를 나누는 일은 '아이의 노력'이 아닌, '제 노력'을 좀 더 요구한다는 것을 알게 되었습니다. 이야기를 나누고 싶은 사람이 좀 더 공을 들여야 하니까요. 아이에게 책을 읽으라고 명령하고 청유할 게 아니라 내가 책을 읽고, 내가 조금 더 아이에게 다가가야겠다는 생각에 확신이 차올랐습니다. 물론 이를 실천으로 옮기는 것은 다른 문제였지만요.

"그래! 나도 같이 읽자!"

"어린이책! 무슨 책이 재밌니?"

"엄마에게 추천 좀 해 다오!"

이 책을 읽은 여러분에게도 미션 하나를 드립니다. 오늘 아이에게 책을 읽어주는 겁니다. 짧은 그림책이요! 결코 쉬운 미션이 아닐걸요?

온 가족 책 읽기, 나도 꼭 해 봐야겠어!

〈스카이 캐슬〉의 독서 모임을 살펴보자

먼저, 숙제 검사부터 해 보겠습니다. 제가 드린 미션은 성공하셨나요? 실천으로 옮기기가 정말 쉽지 않지요? 이 미션을 하지 않는다고 해서 당장 생존의 위협을 받는 것도 아니니 꼭 해야 할 필요성을 체감하기가 쉽지 않습니다. 그럼에도 실천으로 옮긴 분이 있다면, 제가 온 마음으로 박수를 보내겠습니다. 정말 어려운 첫걸음을 떼셨습니다! 지금의 이 시작이 '온 가족 책 읽기'의 물꼬를 틀 수 있는 중대한 계기가 될 수도 있습니다.

아직 실천으로 옮기지 못한 분들도 너무 아쉬워 말아 주세요. 우리에게는 아직 시간이 많은걸요? 천천히 긴 호흡으로 준비해 봅시다! 여러분을 응원합니다.

이제 두 번째 이야기를 시작해 보겠습니다. 두 번째 이야기는 JTBC에서

방영된 화제의 드라마 〈스카이 캐슬〉의 한 장면입니다. 극 중에서 쌍둥이 아빠 차민혁은 자녀들을 위한 독서 토론 모임인 '옴파로스'를 만들고 이를 주도적으로 운영합니다. '옴파로스Omphalos'는 원래 배꼽을 뜻하는데, 그리스 델포이 신전에 있는 둥근 돌을 뜻한다고 해요. 다시 말해 '중심'을 뜻하죠. 그러니까 독서 토론 모임인 '옴파로스'에는 세상의 중심이 되고자 하는 쌍둥이 아빠 차민혁의 숨은 야심이 담겨 있다는 조심스러운 추측이 가능합니다. 쌍둥이 엄마 노승혜는 갓 이사 온 우주 엄마 이수임에게 독서 토론 모임 가입을 권합니다. 우주 엄마는 노승혜에게 그동안 아이들이 '옴파로스'에서 함께 읽었다는 책 제목들을 듣고는 깜짝 놀랍니다. 아이들이 읽고 이야기 나눴다는 책들의 수준이 상당하다 못해 입이 떡 벌어졌으니까요. 읽기 쉬운 책들도 아닌 데다가 분량도 상당하기 때문입니다. 일단 완독해 내는 것 자체가 굉장한데 이 책들을 가지고 무려 토론을 한다고 하니 놀랄 수밖에요.

드라마에서는 '옴파로스'의 독서 토론 모임 장면이 종종 등장합니다. 그런데 '옴파로스' 속 대화를 지켜보는 내내 마음이 편하질 않았어요. 바로 진행자인 쌍둥이 아빠 차민혁의 태도 때문이었습니다. 진행자가 과도하게 독서 토론을 주도하고 아이들에게 자기 생각을 주입하거든요. 진행자는 중립자의 역할을 유지해야 하는데, 자신의 의도나 해석에 맞는 의견만 수용하고 반대되는 의견은 상당한 무안을 주며 내칩니다. 허용적이고 포용적인 독서 토론 모임일 것 같지만, 실제로는 매우 강압적이기까지 합니다. 급기야 이 분위기를 견디지 못한 우주 엄마 이수임이 한마디 하죠. "옴파로스! 완전 코미디잖아, 이거?"

비록 코미디 같은 '옴파로스'였지만, 그래도 드라마 〈스카이 캐슬〉 속 독서 토론 모임은 제게 큰 영감을 주었습니다. 옴파로스의 코미디 같은 요소만 잘 제거하면, 아이들과 어른이 함께 어울려 책 한 권을 읽고 도란도란 이야기를 나누는 아름다운 그림이 그려질 것 같았거든요. 저만 이런 생각을 한 건 아니었나 봅니다. 예전에는 '어린이 책모임', '어린이 독서 모임', '초등학생 독서 모임' 등으로 인터넷 검색을 해봐도 아무런 자료가 나오지 않았었는데, 그 무렵부터 인터넷 맘카페에 '독서 모임에 관해 관심이 생겼어요.'라는 글이 많이 올라왔으니까요.

어린이책을 아이에게만 읽힐 게 아니라 나도 함께 읽어야겠다는 마음가짐이 들었던 시기라, 책을 읽고 한 걸음 더 나아간 대화를 나누고 싶었습니다. 차민혁 같은 진행자의 모습만 버리면, 저도 충분히 할 수 있을 것 같았습니다.

그렇지만 바로 실천에 옮기지는 못했습니다. 그저 어린이 독서 모임을 꾸리고 싶다는 막연한 로망만 맘속에 가득할 뿐이었습니다. 수십 번의 고민과 다짐, 용기를 끊임없이 모아야 했죠. '바쁘다. 시간이 없다.'라는 핑계는 제일 강력하게 내 사정을 무마할 수 있는 도구였습니다. 그렇게 제 로망은 추진력을 빠르게 잃어 가고 있었습니다.

박웅현 씨에게 묻다

그러던 어느 날이었습니다. 동네 구립 도서관에서 명사 초청 강의가 열렸습니다. 바쁜 일정 탓에 명사 초청 강의를 들을 기회가 생겨도 매번 참가 기회를 놓쳤는데, 이번에는 기필코 놓치지 않으리라 마음먹었습니다. 왜냐하면 명사 초청 강의의 주인공이 박웅현 씨였기 때문입니다. 그는 대한민국에서 손꼽히는 광고인 중 한 명입니다. '그녀의 자전거가 내 가슴속으로 들어왔다.'와 같이 어디선가 들어 봤던 광고 카피 문구들이 모두 그에게서 탄생했습니다.

특히 저에게 박웅현 씨는 인생 책의 저자입니다. 《책은 도끼다》는 독서의 중요성을 설파하는 비슷한 종류의 책들을 모두 제치고 단연 제 마음에 평생 자리할 책입니다. 그는 자신이 읽은 책들을 도끼에 비유합니다. 얼어붙은 감성을 깨트리고 잠자던 세포를 깨우는 도끼 말입니다. 그리고 그 도끼 자국들은 자신의 머릿속에 선명한 흔적을 남겼다고 고백합니다. 그는 인생의 모든 순간을 온몸의 촉수를 세워 모든 감정을 누리면서 살아야 한다고도 강조했습니다.

그날 박웅현 씨의 강의는 참 특이했습니다. 그는 모든 청중에게 강의에서 얻어 가고 싶은 것, 혹은 질문하고 싶은 것을 돌아가며 말하게 했습니다. 그리고 청중의 모든 말을 칠판에 빼곡하게 적었습니다. 어느새 새하얀 보드 칠판이 청중들의 질문들로 새까맣게 가득 찼습니다. 인생의 태도를 궁금해하는 질문, 사회 초년생의 고민, 마음에 드는 이성에게 다가가는 법 등 청중의 수만큼이나 질문의 종류도 꽤 다양했습니다. 강의가 본격적으로 시작되었고, 그는 청중들의 질문에 물 흐르듯이 답해 나갔습니다. 한 질문에서 다른 질문으로의 이동이 참 부드러웠습니다. 그는 자신의 강의 속에 청중의 질문을 녹여 냈습니다.

바로 그날, 저도 청중의 한 명으로서 질문 하나를 던졌습니다. 제가 던진 질문은 바로 이것이었습니다.

"작가님께서 이렇게 절실하게 품고 계시는 도끼 같은 책의 필요, 도끼 같은 책의 매력을 작가님의 자녀와도 공유하시나요? 자녀와 어떤 방법으로 공유하시는지요?"

아이와 함께 강독회를 연다고?

그에게서 돌아온 답변은 놀라웠습니다. 아이와 함께 강독회를 열어 같은 책을 공유한다는 것입니다. 한 권의 책을 공유하는 건 독서를 좀 더 밀도 있고 견고하게 만든다는 말도 덧붙이셨어요. 다시 말해, 자녀와 독서 토론 모임을 연다는 것이었습니다. 마치 '옴파로스'처럼요(물론 코미디 요소를 쏙 뺀).

일단 책을 읽고 나서는 독서 후기를 서로 나눈다고 했습니다. 그런데 미리 어떤 대화를 나눌지 정하지는 않는다고 합니다. 이야기하다 보면 자연스럽게, 저절로 대화의 주제가 다양한 주제로 파생된다고 해요. 그래서 책을 읽고 아이와 이야기를 나누다 보면, 책을 읽을 때보다 감각이 더욱 살아나는 것을 느낀다고 합니다. 아이의 시험 기간은 챙기지 않아도 아이와의 독서 모임만은 챙길 만큼 딸과의 독서 모임에 푹 빠져 있다고 하셨습니다. 고액 논술 과외 대신 아빠가 독서 수업을 해주는 셈입니다. 부녀는 이렇게 책을 읽고 토론하며 주말마다 서점에 들러 서로가 고른 책에 관해 이야기하는 친구인 셈입니다. 실제로 박웅현 씨의 딸 박연 씨는 통조림 같은 학교 교육과 학원 교육에 환멸을 느껴 학원도 일주일을 겨우 버틴 아이였다고 해요. 딸의 기질을 있는 그대로 이해해 주면서 학문의 갈증을 자연스레 독서의 세계로 안내한 것입니다.

'온 가족 책 읽기'의 당위성을 찾다!

그 이야기를 듣는 순간 제 온몸의 촉수가 서는 기분이 들었습니다. 아이와의 독서 모임을 당장 시작해야만 하는 당위성을 절감한 순간이었습니다. 자녀가 어리든 많이 성숙했든 그건 전혀 중요하지 않으니 당장 시작해 보라는 박웅현 씨의 말에 초등학교 3학년이던 큰딸과 함께 당장 독서 모임을 시작해도 되겠다는 생각이 들었고, 사라져 가던 추진력을 다시 얻었습니다. 아니, 꼭 지금 시작해야겠다는 확신까지 들었습니다. 그리고 교실에서 제가 가르치는 아이들과도 이를 나누고 싶은 마음에 수업 계획을 다시 세우기로 마음먹었습니다.

그 무렵, 큰딸의 친구들은 독서 사교육을 시작하기 위해 그룹을 짜고 있었습니다. 딸 친구의 부모님들께서 제게도 함께 해 보지 않겠냐는 제안을 주셨었지요. 함께하고 싶은 친구 목록에 저희 큰딸을 떠올려 주신 것이 너무 감사했지만, 저는 독서 사교육에 발을 들일 생각이 없었습니다.

독서 사교육을 거절하긴 했지만, 사실 불안감이 전혀 없던 건 아니었습니다. 돈을 들인 만큼 아이들이 조금 더 책임감 있게 독서에 참여할지 모른다는 생각도 들었었죠. 하지만 독서를 사교육에 맡긴다면, 박웅현 씨가 자녀와 함께 누리는 짜릿한 행복을 저는 아이와 나누기 힘들 거라는 생각이 들었습니다. 이처럼 지금 반드시 시작해야겠다는 확신을 세우게 한 건, 박웅현 씨가 그날 강의에서 들려주신 아이와의 경험담이었습니다.

'독서 모임을 해 보고 싶다.'라는 마음을 조금 더 키우면, '독서 모임을 꼭 해야겠어!'로 자랍니다. 그러니 해 보고 싶다는 마음을 세우는 것이 첫 번째 주춧돌입니다. 이 책을 읽는 여러분의 마음 한구석에 '독서 모임, 나도 해 보고 싶다.'라는 생각이 자리 잡게 되었다면, 일단 아주 견고한 주춧돌 하나를 바르게 세우신 겁니다. 이제 그 마음을 조금 더 키우면 됩니다. 제가 누군가를 통해 그 마음을 키운 것처럼, 여러분은 저를 통해 노하우를 얻어 가실 수 있도록 텍스트를 알차게 채워보겠습니다. 그럼, 제가 두 번째 주춧돌도 세워 드리는 셈이죠?

이 책을 읽고 있는 여러분은 이미 변화에 목마른 사람입니다. 독서 모임을 해 보고 싶은 소망의 씨앗을 가지고 계십니다. "해 보고 싶어."라는 말 다음에 "그런데…"라는 단서를 덧붙이고 계신 분들이라면 이 책을 많이 괴롭혀 주세요. 포스트잇, 형광펜으로 마음이 닿는 부분을 꼭 시각화하세요. 독서 모임을 하실 수 있게 제가 도와드릴게요!

■ 온 가족 책 읽기를 할 때 참고하면 좋은 책 ──────────

1. 《한 학기 한 권 무엇을 읽을까》 학교도서관저널, 2020
2. 《온작품읽기로 만나는 독서토론논술》 이비락, 2020
3. 《책 읽는 아이, 토론하는 우리집》 미래지식, 2013
4. 《좋아서 읽습니다, 그림책》 카시오페아, 2020

온 가족 책 읽기로 얻을 수 있는 것들

이렇게 시작한 독서 모임. 처음에는 다섯 번만 해 보자며 의기투합했지만, 이제 만 5년을 채워 6년 차가 되었습니다. 이렇게 긴 호흡으로 아이와 책을 나누는 독서 모임을 진행할 수 있었던 이유가 있습니다. 독서 모임의 장점이 너무나 명확했기 때문입니다. 독서 모임이 가져다준 성과를 '언어, 생각, 관계, 학습'의 측면으로 나누어 정리해 보겠습니다.

언어 – 문해력과 어휘력이 자라난다

'온 가족 책 읽기'를 하면서 좋았던 점 중 하나는, 아이와 함께 '새로운 어휘'에 관해 마음껏 이야기를 나눌 수 있었다는 점입니다. 지난 18년간 교실 현장에서 어린이들이 책을 읽는 풍경을 지켜보니, 처음 보는 이해하기 어려운 어휘를 대처하는 방법이 어린이별로 다르더군요. 그 방법은 크게 세 가지로 간추릴 수 있습니다. 여러분의 자녀는 어떤 스타일인지 살펴보실래요?

첫 번째는 모르는 어휘가 나올 때마다 질문하는 유형입니다. "선생님, '소유'가 뭐예요?", "선생님! '보존'이 뭐예요?", "선생님! '환기'가 뭐예요?" 책을 읽는 시간보다 선생님께 질문하고, 그 질문에 답을 듣는 시간이 더 길기도 합니다. 아무래도 책장이 쉽게 넘어가지 않겠지요. 물론 질문하는 습관 자체는 나쁘지 않습니다. 하지만 문제는 충분히 혼자서 생각할 수 있는 능력이 있는데, 생각의 과정을 생략하고 질문부터 하는 경우도 많다는 것이지요.

두 번째는 그 어휘가 무슨 뜻인지 이해하지 못한 채로 그냥 넘어가는 유형입니다. 꽤 많은 아이가 두 번째 유형에 속합니다. 문맥을 통해 어휘의 의미를 파악해야 하는데, 그 과정을 생략하고 그저 텍스트만 읽어 냅니다. 분명히 열심히 읽은 것처럼 보이나, 줄거리 파악이 어려운 경우가 바로 이 경우입니다. 사실 두 번째 유형에 속하는 아이들은 책을 완독하는 걸 어려워합니다. 이해하지 못한 상태에서 책을 끝까지 읽는다는 것 자체가 굉장히 고통스러운 일이니까요(우리가 어려운 과학 서적에 섣불리 도전하지 못하는 이유와 마찬가지겠죠).

세 번째는 새로운 어휘를 대하는 가장 이상적인 방법입니다. 최대한 문맥을 통해 의미를 파악하려 노력을 기울이되, 중요하다고 판단되는 어휘는 질문하는 것이지요. 일단은 이해하려고 애쓰는 자세가 중요합니다. 필요에 따라서는 같은 문장을 여러 번 읽고, 그 문단을 여러 번 읽기도 합니다. 이런 노력을 기울였는데도 이해되지 않는 어휘 중에서, 왠지 이 어휘의 뜻을 모르고 책을 읽으면 뭔가 중요한 걸 놓칠 것 같다는 강력한 의심이 드는 어휘를 질문합니다.

'온 가족 책 읽기'는 첫 번째, 두 번째 방법으로 새로운 어휘를 마주했던 아이를 세 번째 방법으로 대할 수 있게 바꾸어 주었습니다. 왜냐하면 독서 모임을 할 때마다 중요한 어휘(키워드)를 골라서 무슨 의미인지 이야기를 주고받았기 때문입니다. 책에 등장하는 모든 새로운 어휘를 아이와 함께 나눌 수는 없습니다. 물리적인 시간이 많이 소요되기 때문이죠. 그래서 그 장에서 제일 중요하다고 생각되는 어휘를 선정해 그 뜻을 유추해 보는 겁니다. 어휘의 중요도를 판별해야 하므로 어휘를 선정하는 것 자체가 공부였던 셈이죠.

그런데 어휘의 뜻을 정확히 설명하는 일은 어른에게도 쉬운 일이 아닙니다. 그래서 독서 모임을 통해 어휘의 정확한 뜻을 짚어 주는 일은 정말 해 봄직한 일입니다. 평소에는 어휘의 정확한 뜻을 짚고 넘어갈 일이 별로 없으니까요.

어휘에 관한 질문은 퀴즈 형식으로 준비해도 좋습니다. 아이들이 재미있게 참여하면서 동시에 어휘도 습득할 수 있죠. 예를 들면 이런 식입니다.

엄마 : '세상에 잘 알려지지 않은 잘못을 드러내어 알림'이라는 뜻을 가진 두 글자 낱말은 무엇일까요? 잘 모르겠으면 책 36쪽을 펼쳐 보세요. 36쪽에 답이 있습니다!

아이 : 정답! 고발! 고발 맞죠?

물론 역할을 바꾸어 반대로 해 볼 수도 있겠죠. 아이가 나머지 멤버에게 낱말의 뜻을 설명해 주고 알아맞히도록 하는 겁니다. 퀴즈를 내는 아이가 태블릿에 깔아 놓은 '네이버 사전' 앱을 이용해서 검색한 뒤, 나머지 멤버에게 소리 내어 읽어 주는 것이죠. 바로 이렇게요.

> 아이 1 : 이 낱말의 뜻을 찾아보니까 '회의에서 자기의 의견을 말할 수 있는 권리'라
> 고 나와요. 자, 이 뜻을 가진 낱말을 맞혀 보세요. 세 글자입니다!
>
> 아이 2 : 잘 모르겠는데, 힌트 좀 줘~.
>
> 아이 1 : 음… '권'으로 끝나. 초성 힌트도 줄까? '비읍 이응 권!' 이제 알겠지?
>
> 아이 2 : 아아! 발언권! 맞지?

생각 – 조금씩 정교해지는 아이의 인지 능력

책을 읽는다는 게 그냥 글자만 읽어 내는 것이 아니라는 사실은 모두 알고 있지요? 문해력이라는 말은 이제 더 이상 '한글 깨치기'를 의미하지 않습니다. 문해력은 글의 주제와 내용, 배경, 글쓴이의 의도 등을 파악해야 하는 고차원적인 인지 활동의 부산물입니다.

이천 개의 영어 단어가 담겨 있는 영어 단어 모음집이 아무리 책의 꼴을 하고 있어도, 우리는 영어 단어 모음집의 첫 장부터 마지막 장까지 다 읽어 내는 걸 '독서'라고 부르지는 않습니다. 반면 아무리 쉬운 보드 북이어도 글쓴이의 의도를 문장의 행간 속에서 파악하려고 노력하는 건 독서라고 부릅니다.

독서 모임을 절대 멈출 수 없었던 이유는 독서로 인해 아이의 인지 능력이 조금씩 정교해지는 것을 가까이에서 느낄 수 있었기 때문입니다. 심사숙고해서 고른 좋은 책을 아이와 어른이 함께 읽고 나눕니다. 이 과정에서 아이

와 어른의 판단력이 눈에 띄게 자랐습니다.

우리는 살면서 수없이 많은 선택을 해야 합니다. 어떤 선택은 작고 가볍지만, 어떤 선택은 크고 무거워서 일생을 좌지우지하기도 합니다. 그런데 이런 선택은 누군가 대신해 주지 못합니다. 결국 선택의 주체는 나 자신이어야 합니다.

아이와 함께 고른 책의 주인공에게도 이런 선택의 순간이 펼쳐집니다. 그리고 우리는 독서 모임을 통해 주인공이 내린 선택에 관해 이야기를 나눕니다. '나라면 이런 선택은 하지 못했을 것 같다.'거나, '나라도 이렇게 했을 것 같다.'라는 이야기를 나누는 거지요. 때로는 서로 의견이 다르기도 했지만, 아이는 아이 나름대로 자연스럽게 자기 생각에 힘을 싣더군요. 이 과정에서 점점 더 정교해지는 아이의 인지 능력을 느낄 수 있었습니다. 덤으로 내가 몰랐던 아이의 성격도 알게 될 수 있었지요.

관계 - 자존감 up, 사회성 up

'온 가족 책 읽기'를 진행하면서 또 한 가지 좋았던 점이 있습니다. 바로, 아이를 공개적으로 칭찬해 줄 수 있는 기회를 가질 수 있었습니다. 여러분은 자녀에게 평소 어떤 칭찬을 많이 해 주시나요? 저는 직업이 초등 교사라서 학교에서 만나는 우리 반 아이들에게는 칭찬을 넘치게 잘해 주는 편인데, 집에서는 그것이 참 쉽지 않았습니다. 기껏 칭찬해 준다고 노력을 기울여도 사실 같은 내용의 칭찬을 반복하는 게 전부였으니까요.

"우리 딸, 반찬 골고루 잘 먹네?"

"우리 딸, 이번 수학 단원 평가 잘 봤네?"

"우리 딸, 일기 글씨 예쁘게 썼다."

정말 구체적인 내용으로 칭찬해 주려고 노력해도, 사실 일상에서는 위의 멘트처럼 칭찬해 주기도 어려운 게 저뿐만이 아닐 거라고 믿고 싶습니다(웃음). 왜냐하면 우리가 자녀에게 기대하는 것이 많기 때문이죠. 일찍 일어나기를, 몸단장도 잘하기를, 책상 정리도 잘하기를, 단원 평가에서도 우수한 성적을 얻기를, 발표를 더 잘하기를, 동생과는 싸우지 않기를, 양보를 잘하기를, 글씨를 잘 쓰기를, 어른스럽기를, 의젓하기를!

그런데 독서 모임에서는 아이를 내 자녀로 대하기보다는 독서 모임 회원의 한 사람으로 대하게 됩니다. 그러니까 아이의 생각이 신기해서 칭찬하게 되고, 아이의 참신한 의견이 대견하기도 합니다. 그러니까 일상에서는 하지 못했던 색다른 칭찬을 아이에게 자주 건넬 수 있었던 것이죠.

"와아, 그렇게 생각할 수도 있겠구나. 엄마는 전혀 그렇게 생각하지 않았는데. 어떻게 그런 생각을 했지? 멋있다. 우리 딸!"

"음, 우리 딸은 그 문장이 가장 마음에 남았구나. 엄마는 그런 문장이 있는 줄도 몰랐는데, 우리 딸이 명문장을 뽑는데 재주가 있네?"

독서 모임 덕분에 이렇게 아이의 자존감을 제대로 세워 줄 수 있는 좋은 기회가 생겼습니다.

그리고 또래와 함께 독서 모임을 진행하니, 또래 앞에서 이야기할 기회를 많이 얻을 수 있는 것도 좋았습니다. 아이들은 대부분 또래와 가벼운 일상 이야기는 자주 해도 사회 현안이나 시사 이슈, 책 이야기를 나누는 건 어색해합니다. 고학년이 될수록 수업 시간에 손을 들고 발표하는 아이들이 적어지는 것을 보면 알 수 있습니다. 그런데 또래와 함께 도란도란 책 이야기를 나누다 보면 친구들과 책 이야기를 비롯하여 시사 이슈 등에 관해 이야기를 나누는 게 전혀 어색한 일이 아니라는 걸 느낄 수 있게 됩니다. 이런 경험들이 쌓이면, 많은 사람 앞에서 자기 생각과 의견을 피력하는 일에도 자신감이 생깁니다.

학습 – 배경지식을 습득할 수 있어요

예습과 복습, 소위 공부 잘하는 비결로 이 두 가지를 빼놓고 이야기할 수는 없죠? 수학 선행이 유행처럼 번지는 이유가 바로 이것 때문인가 봅니다. 그런데 수학 말고요. 국어는, 사회는, 과학은 어떻게 예습해야 할까요? 새 학년 새 학기 교과서를 미리 사서 한 번 보면 그것으로 예습이 될까요? 아니면 새 학년 새 학기 국어, 사회, 과학 문제집을 사서 풀어 보며 예습을 시켜 볼까요?

죄송하지만, 그 방법으로 국어, 사회, 과학의 예습을 하고 계신다면 감히 중단해도 좋다고 말씀드리고 싶습니다.

국어, 사회, 과학의 예습은 '독서'입니다. 독서를 하다 보면 배경지식이 저절로 쌓이는데, 그 배경지식들을 내 생각 서랍에 잘 넣어 두었다가 국어, 사회, 과학 시간에 꺼내는 것이지요. '온 가족 책 읽기'는 아이 혼자 읽었다면 얻지 못했을 배경지식을 아이의 생각 서랍에 확고히 저장시킬 수 있도록 도와주었습니다.

큰딸이 초등학교 3학년이던 해에 박현숙 작가의 《시원탕 옆 기억사진관》

을 읽고 '온 가족 책 읽기'를 진행했던 적이 있습니다. 이 책은 낙후되었지만 나름 오랜 전통이 있던 아담한 동네가 재개발되면서 새롭게 변모해 가는 과정을 그린 동화책입니다. 이 과정에서 동네를 오래전부터 지키던 사람들이 어쩔 수 없이 터전을 떠나게 되는 장면이 나옵니다. 이 책을 읽으며 독서 모임에서는 '젠트리피케이션'이라는 용어에 관해 이야기를 나눴습니다. '젠트리피케이션'은 낙후됐던 구도심이 번성해 중산층 이상의 사람들이 몰리면서 임대료가 오르고 원주민이 밖으로 내몰리는 현상을 이르는 시사 용어입니다. 물론 초등학교 3학년이 알기엔 매우 어렵죠.

그런데 몇 달 뒤, 학교에서 돌아온 아이의 얼굴이 유독 밝았습니다. 무슨 좋은 일이 있었냐고 물으니, 선생님께 큰 칭찬을 받았다며 함박웃음을 짓더라고요. 알고 보니 사회 시간에 우연히 '젠트리피케이션'에 대한 이야기가 나왔는데, 담임 선생님께서 그 용어를 언급하지는 않으셨음에도 큰딸이 손을 번쩍 들고 젠트리피케이션이라 말했다고 합니다. 선생님께서는 "어떻게 젠트리피케이션을 알았니?", "어디에서 들어 봤니?"라고 하시며 큰 칭찬을 보내 주셨다고 해요. 이처럼 진짜 예습은 문제집을 통해서 얻을 수 있는 게 아니랍니다.

'온 가족 책 읽기'로 얻을 수 있는 것들, 아직 다 말씀드리지 못했습니다. 더 빛나고, 더 달콤한 것들은 아직 시작도 하지 못했는걸요. 이번 장에서는 간단히 이렇게 마무리해 보려 합니다. 독서 모임 갈증이 있는 여러분, 이 좋은 것들을 그냥 흘려보내지 마세요. 일단, 한 발만 내딛으세요!

WHAT

·

무엇을 읽어야
할까?

"이 세상에 나와 있는 수많은 어린이책* 중에 독서 모임 책은 어떻게 선별하세요?"

제가 독서 모임에 대해 가장 많이 받는 질문입니다. 그래서 이번 장의 주제는 '어린이책과의 만남'으로 잡았습니다. 어린이 독서 모임이 성인 독서 모임과 다른 점은 책의 종류니까요. 어린이 독서 모임을 성공으로 이끌기 위해서는 '좋은 어린이책'이 꼭 필요합니다. 학교에서는 아이들과 함께 동화 수업을, 집에서는 딸과 함께 독서 모임을 하며 만난 좋은 어린이책에 관한 이야기를 들려 드리겠습니다.

---

* 유년 동화, 그림책 모두 어린이책에 포함되겠지만, 여기에서는 편하게 '동화'를 지칭하도록 할게요.

좋은 어린이책과의 만남

사실 저는 어린이책과 친해질 기회가 참 많았습니다. 당연한 게 지난 10여 년간 학교에서 어린이들을 매일 만나고 이야기를 나누는 일이 제 직업이었으니까요. 저는 낮에 대부분 어린이책과 공간적으로 멀지 않은 곳에 있습니다. 교실 안에도 학급 문고가 있고, 학교마다 도서실도 있지요. 어린이책이 아주 흔한 환경 속에 머무르고 있습니다.

또 초등학교에는 학교마다 '독서록'이라는 노트가 있지요. 아이들에게 매주 독서록 한 편을 채워 오라는 숙제를 내는 사람이 바로 저였습니다. 독서 퀴즈 대회의 도서를 선정하는 일도, 또 독서 퀴즈를 만드는 일도 제 몫이었습니다(물론 요즘 독서 퀴즈 대회는 학교에서 사라지는 추세입니다). 이렇게 저는 어린이책을 언제든 손에 넣을 수 있는 환경이었고, 실제로 읽기도 했어요.

그렇지만 그 시절의 저는 그저 '업무'로서 어린이책을 대했습니다. 내가 일하기 위해 읽어 내야만 하는 '활자'로, 아이들에게 부과해야 하는 '과제'로, 아이들의 수준을 가늠해서 변별력 있게 줄 세울 수 있는 퀴즈를 뽑아낼 수 있는 '문제 밭'으로, 분석해야만 하는 '텍스트'로만 대했습니다. 덕분에 읽어 낸 어린이 문고의 권수는 꽤 되었지만, '이 책은 우리 집에도 소장하고 싶어!'라는 생각이 들 만큼 온전히 재미를 느낀 책은 없었습니다. 제가 어린이책을 마음으로 받아들일 준비가 안 되어 있었던 겁니다.

그림책에 먼저 빠지다

그렇지만 그림책은 누구보다 많이 읽었습니다. 아이를 낳고 보니 자연스레 관심이 갔고, 여지없이 그림책의 매력에 빠져 버렸습니다. 저에게는 막연한 로망이 하나 있었거든요. 내 무릎에 아이를 앉히고 책을 읽어 주면 아이가 까르르 웃으며 화답하는 그런 로망이요. 제 아이 둘은 참 고맙게도 그 로망을 너무나 아름답게 현실로 만들어 주었습니다. 아이에게 그림책을 읽어 주는 일이 고되지 않았던 건 아니었지만, 육아 덕분에 만난 그림책의 세계는 정말 경이롭기까지 했습니다. 페이지를 넘길 때마다 펼쳐지는 예술의 세계란!

그 무렵 저는 학교에서 1학년 어린이들을 주로 맡아 가르쳤었는데, 교실 속 어린이들에게 그림책을 읽어 주는 일에도 점차 매료되었습니다. 깨끗한 도화지 같은 어린이들의 반응에는 그 어떤 묵은 때도 없었습니다. 좀 더 전문적인 식견을 쌓고 싶어 그림책 독서와 관련된 국내외 자료와 논문들을 찾아가며 그림책을 탐구하듯 읽었죠. 그림책 독서에 너무나 진심이었기에 제 시간을 그림책에 쏟을 수 있었어요. 그리고《듣는 독서로 완성하는 아이의 공부 내공》이라는 책을 출간할 수 있었습니다.

제가 이 책을 출간할 무렵은 그림책에 대한 대중의 관심도가 아주 높아진 상황이었습니다. '그림책 테라피'라는 말도 생겨서 그림책으로 어른의 마음을 치료하는 사례들도 많아졌지요. 그래서 어른을 대상으로 한 그림책들도 참 많아졌습니다. 어른들의 그림책 낭독 모임도 생겨났어요.《구름빵》을 만드신 백희나 작가가 '2020 아스트리드 린드그렌상'을 수상하신 것도 대중에게 큰 영향을 주었다고 생각합니다. 세상에나, 세계적인 그림책 문학상을 우리나라 작가가 수상하다니요! 이렇게 그림책은 더 이상 어린이들만의 전유물이 아니라는 것을 대중들도 점차 알게 되었어요. 어린이를 위한 그림책이라는 말 대신, 요즘엔 '어른이'를 위한 그림책이라고 부르기도 할 만큼 그림책에 대한 모두의 관심이 뜨겁습니다.

그런데 그림책의 가치를 알아봐 주는 대중들이 늘어난 것에 비해서 어린이책에 관한 관심은 아직 그렇지 못한 것이 조금 안타깝습니다. 그렇지만 그림책이 점차 그 빛을 뿌려 어른들의 마음에 소복하게 내려앉은 것처럼, 어린이책도 고유의 따뜻함과 재미로 어른들의 마음에 문 두드리게 되리라 저는 믿어요.

어린이책의 벽을 허문 순간

제 확신에는 이유가 있습니다. 제게는 어린이책의 따뜻함과 재미가 제 마음을 노크했던 황홀한 순간이 있었기 때문입니다. 그리고 지금 이 책을 읽고 있는 여러분도 그 순간을 맞이할 수 있다고 확신합니다. 왜냐하면 이 책을 읽는 여러분은 독서 모임에 대한 갈증이 있는 상태가 분명하니까요.

그저 그런 읽을거리가 담겨 있는 네모난 물건. 딱 그 정도의 영향력만 있었던 어린이책이 제 마음을 계속 두드렸고, 결국 어느 순간 제 마음의 문이 활짝 열렸습니다. 그 문이 열린 때부터 제 마음은 기쁨과 행복, 애정과 희열로 가득 찼습니다. 이렇게까지 표현하는 이유는 제 안에 꼭꼭 숨겨져 있던 감수성이 톡 건드려진 기분을 달리 표현할 문장이 없기 때문입니다. '황홀했다.'라는 말이 제일 근접하겠네요. 내 안에 잠자고 있던 순수성이 봉인되어 밖으로 나온 순간이었으니까요. 어쨌든 그 순간부터, 어린이책은 학교에서 처리해야 하는 '업무'로서의 책이 아니게 되었습니다.

대체 어떤 책을 만났기에 제가 이렇게까지 흥분하는지 궁금하시죠? 그 순간의 책을 소개해 봅니다. 그 책은 바로 《샬롯의 거미줄》입니다. 이 책은 미국의 동화 작가 엘윈 브룩스 화이트가 1952년에 지은 동화랍니다. 이 책을 처음 마주한 건 제가 열세 살이었던 때였습니다. 당시에는 어린이 문고를 지금처럼 손쉽게 구할 수가 없었어요. 책을 보려면 동생과 함께 205번 버스를 타고 사직동에 있는 서울시립어린이도서관이나 정독도서관 내 어린이도서관에 가야 했지요. 예나 지금이나 신간 도서는 모두에게 인기가 많잖아요? 전 아침 일찍 서둘러 집을 나섰기에 신간 도서인 《샬롯의 거미줄》을 손에 넣을 수 있었습니다. 아무도 펼쳐 보지 않은 책을 내가 가장 먼저 펼쳐 보는 기쁨만으로도 이미 그 책은 제 마음에 쏙 들었는데, 그 책은 정말이지 열세 살 소녀에게 사랑을 받기에 충분했어요. 어쩐지 인생 책이 될 것만 같은 예감이 들었지요. 그리고 이내 샬롯의 헌신에 빠져들었습니다. 마지막에 샬롯이 떠날 때에는 눈물도 났어요.

하지만 세월의 벽은 그 좋았던 마음을 흐릿하게 만들었어요. 시간이 꽤 지나니 눈물을 뚝뚝 흘리며 감동하고 좋았던 내용마저도 머릿속에서 가물가물해졌습니다. 20여 년이 흐른 뒤에는 어렴풋하게 그 책에 대한 좋은 기억만 남아 있을 뿐이었죠.

《샬롯의 거미줄》을 다시 만나다

그러던 어느 날 아홉 살이었던 딸아이와 간 중고 서점에서 《샬롯의 거미줄》을 발견했습니다. 어릴 적 읽었던 《샬롯의 거미줄》은 빳빳한 표지의 새 책이었는데, 그날 만난 책은 약간의 사용감이 있는 《샬롯의 거미줄》이었어요. 저는 그 책을 아이에게 제 목소리로 읽어 주고 싶었어요. 아마도 어렴풋이 남아 있는 그 책에 대한 좋은 기억이 그런 마음을 들게 한 것 같아요. 당시 제 아이는 아홉 살이었고, 혼자서 이 책을 완독할 만큼 독서 내공이 쌓여 있던 상태가 아니었어요. 그렇지만 제 목소리로 천천히 호흡을 길게 유지하며 읽어 주면, 충분히 이 책에 매료될 수 있을 것 같았어요.

《샬롯의 거미줄》은 거미 샬롯과 돼지 윌버의 우정을 다룬 어린이책이에요. 돼지 윌버는 형제 중에 가장 작다는 이유로 태어나자마자 버림받을 뻔했지만, 농장 주인의 딸 펀의 설득으로 삼촌 농장에서 자라게 돼요. 그리고 그곳에서 만난 거미 샬롯과 친구가 되지요. 그러던 어느 날, 늙은 양이 찾아와 윌버가 크리스마스 햄이 될 거라고 예언하자 윌버는 두려움에 떨게 됩니다. 하지만 샬롯은 침착하게 윌버를 살려 낼 묘안을 내요. 그건 바로 거미줄에 윌버를 위한 근사한 문구를 짜 넣는 것이었어요. 샬롯의 기지 덕분에 윌버는 특별한 돼지가 되어 목숨을 건지고, 샬롯은 죽을 때까지 윌버를 위해 거미줄을 짜 놓고는 아무도 없는 곳에서 쓸쓸하게 죽어 갑니다. 그리고 윌버는 샬롯의 새끼 거미들을 돌보며 샬롯과의 잊지 못할 우정을 추억하지요.

샬롯이 윌버를 위해 거미줄을 짜 놓고 쓸쓸하게 죽어 가는 장면은 참으로 감동적입니다. 아무런 편견 없이 외로운 누군가의 친구가 되어 주고, 친구이기 때문에 그를 이해하려 애쓰고, 어떠한 대가도 바라지 않고 친구를 도와주는 샬롯을 보고 있으면 마음 한구석이 저릿해지지요.

어린이책에는 아이에게 해 주고 싶은 말이 담겨 있다

책의 앞부분에 이런 내용이 나옵니다. 돼지 윌버는 농장에 갇혀 있다가 탈출을 감행해요. 그런데 막상 탈출에 성공하자 자신에게 주어진 방대한 자유에 어쩔 줄 몰라 합니다. 어디로 가면 좋겠느냐고 묻는 돼지 윌버에게 농장의 암거위는 말해요. 무얼 하든지 네 마음대로 해 보라고요. 과수원으로 내려가서 풀을 뽑든지, 밭으로 내려가서 무를 파든지, 사방으로 뛰어다녀 보라고요. 그리고 덧붙여요. 세상은 참 멋진 곳이라는 말을요.

'무엇을 하든지 네 마음이라는 말', '세상은 멋진 곳이라는 말', 그 말은 제 아이에게 해 주고 싶은 말이었고, 저에게도 해 주고 싶은 말이었습니다. 저는 제 아이들이 앞으로 인생을 살 때, 이런 삶의 태도를 견지하고 살았으면 좋겠어요. '자유'라는 가치를 누리며, '자발적'인 태도를 지니길 바랍니다. 그래야만 나의 선택이 의미 있게 되고, 나도 기꺼이 그 책임을 누리게 되죠. 인생 곳곳에서 나의 자유로운 선택으로 인해 쌓아 올려진 수많은 것들은 고스란히 '나'를 대변하게 될 겁니다. '나'를 '나'로 사는 거죠. '나'를 '나'로 살면, 혹시 후회하게 되더라도 그 후회마저 아름다울 수 있어요. 저는 그렇게 생각합니다. 그런데 세상에! 제 마음을 고스란히 옮겨 놓은 것 같은 암거위의 멘트를 《샬롯의 거미줄》을 읽다 만난 거죠.

저는 딸아이의 얼굴과 책을 번갈아 응시하며 제 마음을 가득 실어 실감

나게 읽어 주었습니다. 마치 제가 암거위라도 된 것처럼 말입니다. 이쯤 되니 아이가 말합니다. "엄마, 너무 웃겨. 엄마가 암거위 같아." 저도 따라 웃으며 다음 문단으로 넘어갔지만, 마음속으로 나지막이 대답했습니다.

'엄마의 마음이 바로 이거야. 너에게 해 주고 싶은 말이 바로 이거야.'

아무튼 어린이책과 저와의 만남은 이렇게 시작되었습니다. '업무'로서의 책이 아닌, '감탄'으로서의 책으로 성큼 다가와 버렸습니다. 아무래도 당분간 어른 책보다 어린이책을 손에 쥐고 있을 것 같은 강력한 예감이 들었어요. 그림책에 빠졌던 것처럼 이번엔 어린이책에 빠질 것만 같은 느낌이 들었지요.

여러분도 이런 순간을 만나셔야 합니다. 내가 진정으로 빠져 봐야 얼마나 좋은지 알게 됩니다. 그래야 함께 빠져 보자고 외칠 수 있어요. 지금 제가 이렇게 여러분을 향해 외치고 있는 것처럼요. 아이는 함께 빠져 보자는 나와 가장 친한 어른의 찬란한 청유를 뿌리치지 못할 겁니다.

다음 장에서는 제가 느낀 어린이책의 매력에 관해 더 깊게 이야기하려고 해요. 호흡 한번 깊게 가다듬고 만나요!

■ 1~3학년 어린이에게 어른의 목소리로 읽어 주기 좋은 책 ────────

1. 《샬롯의 거미줄》 시공주니어, 2018
2. 《마당을 나온 암탉》 사계절, 2000
3. 《나쁜 어린이 표》 시공주니어, 2024
4. 《만복이네 떡집》 비룡소, 2010

참 좋다, 어린이책

이번 장을 펼친 여러분, 모두 두 팔 벌려 환영합니다. 앞서 말씀드린 제 이야기를 통해 여러분이 무엇을 떠올리셨을지 참 궁금합니다. 모쪼록 '어린이책 참말로 좋구나! 나도 읽어줘 볼까?' 하는 신선한 설렘이 만들어졌으면 좋겠어요. 이번 장에서는 좀 더 깊이 어린이책의 매력에 관해 이야기 나눌까 합니다.

모름지기 친절한 사람이 되려면 내가 말을 많이 하려고 하지 말고, 상대의 말을 많이 들어 주어야 한다고 하죠. 그런데 저는 안타깝게도 친절한 사람은 절대 못될 것 같아요. 저를 잘 아는 사람들은 이미 그 이유를 정확히 떠올리실 것 같습니다.

네! 저는 나누고 싶은 이야기보따리가 매일 차올라요. 때론 재미있고, 때론 통쾌하고, 때론 심각한 에피소드들이 유난히 많이 쌓여요. 학창 시절에는 이런 에피소드들을 라디오에 사연으로 보내는 일이 취미였는데, 제가 보내는 사연의 90퍼센트는 라디오 디제이의 목소리로 읽혔죠. 그 시절 탔던 상품들만 모아도 꽤 된답니다. 교실에서 만나는 아이들도 이렇게 말하더라고요.

"똑같은 이야기도 선생님이 해 주면 더 재미있어요!"

그러니 제가 이런 기대에 부응하기 위해서라도(?) 이야기를 많이 하게 되는 것 같아요. 그런데 저와 같은 투 머치 토커들은 항상 주의해야 할 것이 있습니다. 바로 '말의 속도'입니다. 그런데 어떡합니까. 들려줄 이야기가 많다 보니, 말이 자꾸 빨라지는 것을요.

사실 말이 빠른 건 타고난 저의 성격 탓도 있습니다. 저는 성격이 급해요. 문제가 생기면 그 일의 원인은 무엇이고, 해결책은 무엇인지를 최대한 빨리 결론짓고 싶어집니다. 조급한 성격 탓에 드라마를 보는 일이 제게는 참 힘든 일입니다. 결론이 너무 궁금하니까요. 책도 마찬가지죠. 책 속 주인공이 끝내 어떤 결말을 맞는지 너무 궁금하니, 책장을 펼치면 웬만해선 그 자리에서 끝까지 읽어야 속이 시원합니다. 그런데 문제는 진도가 잘 나가지 않는 책이 많다는 겁니다. 그래서 '속독'을 해 보려고 했었어요. 그런데 속독을 하면 작가가 책 속에 설치해 놓은 귀중한 장치(복선)를 놓쳐 버리는 실수를 종종 범하게 되더라고요. 그러니까 적어도 책 한 권에 반나절의 시간은 투자해야 완독할 수 있는데, 반나절이라는 연속된 시간이 제게 허용되는 일이 드물어요.

나의 독서 진입 장벽을 무너뜨리는 어린이책

책은 시간을 만들어서 읽는 것이 아니라, 내가 이미 가지고 있는 시간 속에서 틈나는 대로 읽어야 하는 것이라고들 합니다. 그렇지만 이 급한 성미가 틈새 독서를 자꾸만 방해하는 거죠. 그래서 제가 책을 읽으려면 다음과 같은 두 가지 장벽을 넘어야 합니다.

첫째, 읽고 싶은 책이 바로 지금 내 앞에 있을 것.

둘째, 그 책을 처음부터 끝까지 읽을 수 있는 충분한 시간이 주어질 것.

하아, 독서 진입 장벽! 무지하게 높습니다. 그렇죠?

그런데 어린이책은 달랐어요. 딸들과 함께, 교실에서 만나는 어린이들과 함께 어린이책을 읽는 것은 성격이 급한 제게 참 좋았습니다. 독서 진입 장벽이 엄청 낮거든요. 제가 위에서 말한 두 가지 조건을 두루 충족합니다. 어린이책은 구하기도 쉽습니다. 또 한 권을 끝까지 읽을 수 있는 시간 확보도 상대적으로 쉽습니다.

어린이책은 대개 책의 길이가 길지 않습니다. 활자도 크죠. 내용도 난해하지 않습니다. 인물 사이의 관계가 어른 책만큼 복잡하게 얽혀 있지 않아요. 작가가 설치해 놓은 책 속 장치도 놓치지 않고 읽어 낼 수 있어요. 이건 마치 만나 본 적도 없는 작가와 내가 서로 생긋하며 눈짓을 주고받는 기분 좋은 느낌이죠. 그래서 일반적인 독서력을 가지고 있는 성인이라면, 저학년 문고는 10분이면 완독할 수 있습니다. 조급한 성미의 저에게 이렇게 좋은 책이 있을까요? 그러니 책을 쌓아 놓고 읽게 되죠. 30분이면 세 권, 한 시간이면 무려 여섯 권의 독서가 가능합니다. 다독의 꿈이 이렇게 이뤄집니다(웃음).

쉽다고 유치할까?

한마디로 정리하면 어린이책은 쉽습니다. 독서와 친하지 않은 어른들도 마음만 먹으면 쉽게 활자의 세계에 빠져들 수 있어요. 아, 그런데 여기서 잠깐! 쉽게 읽히는 책은 유치한 책이라고 생각해 본 적 있으신지 여러분께 여쭤보고 싶습니다.

'책이 쉽게 읽힌다.'라는 건 '책의 깊이가 얕다.'라는 말로 치환할 수 있다고 생각했던 과거가 제게도 있습니다. 하지만 그건 어린이책에 대한 어른들의 옹졸한 편견입니다. 《초록 눈 코끼리》를 쓴 강정연 작가에게 한 인터뷰어가 어린이책의 매력은 무엇이냐고 묻자, 왜 소설을 안 쓰고 어린이책을 쓰냐는 말을 듣기는 하지만, 어린이책은 철저하게 독자를 고려하며 써야 하고 독자와 소통하기 위해 글을 쓴다는 게 어린이책의 매력인 것 같다고 답합니다. 소설은 깊고, 어린이책은 얕다고 생각하는 편견 때문에 강정연 작가도 저런 이야기를 들었을 겁니다. 그렇지만 어린이책은 소설처럼 길고 복잡하지 않으면서도 감동은 그 깊이 그대로 가져온답니다. 어른 책과 그리 다르지 않아요. 어른 책의 '순한 맛'인 줄 알고 펼쳤다면 큰 오해입니다. 저는 감히 이렇게 바로잡아 보겠습니다. '어린이책은 순한데 깊은 맛!'이라고요.

어린이책을 읽고 얻은 것

이렇게 어린이책을 읽기 시작하니 아이들과 더 친해질 수 있어서 좋았습니다. 아이들과 도서실에 가면 아이들 앞에서 당당해질 수 있었어요. "이 책 읽어 봐. 선생님이 읽어 봤는데 말이야? 진짜 완전 재밌어. 선생님의 추천을 받아 줘!"라고 당당하게 책을 건넬 수 있었어요. "선생님! 책 추천해 주세요." 라는 아이의 제안에 "음…. 오늘의 너에게는 말이야. 바로 이 책이 딱! 일 것 같은데?"라고 마치 의사 선생님이 환자에게 처방을 내리는 것처럼 자신 있게 대답할 수도 있었어요. 아이들은 제게 "선생님이 추천해 주신 책은 다 재밌어요."라는 말도 많이 들려주었습니다. 뭔가 공신력 있는 어린이책 박사가 된 기분이었어요.

자유 독서 시간에는 저도 함께 어린이책을 펼쳐 읽으니, 아이들이 "선생님이 읽고 있는 저 책! 내가 대출할 거야! 내가 찜했어!"라며 제가 책을 내려놓을 때까지 눈치 싸움을 하며 다퉜습니다. 세상에나, 책을 대출하려고 다투다니요? 이런 바람직한 다툼이 또 있을까요? "책 좀 읽어."라고 단순히 명령하던 과거의 제 모습에서 "선생님이 이 책 읽어 봤는데 정말 재밌어. 민석이도 한 번 읽어 봐."라고 권유하는 모습으로 바뀌었어요. 어린이책을 함께 읽을 때, 비로소 아이들 앞에서 독서 자신감을 가질 수가 있는 것이죠.

당연히 딸들에게도 당당해질 수 있었어요. 제가 아이들과 함께 책을 읽으니 저희 아이들은 책은 기한 내에 읽어 내야만 하는 과제라고 생각하지 않습니다. 책은 여가 시간을 보내기에 아주 훌륭한 도구이고, 공통의 대화를 나누기에 좋은 매개체라고 생각하지요. 저도 아이에게 책을 추천하고, 딸들도 제게 책을 추천합니다. 어느 순간부터 딸들은 자신이 읽은 책을 엄마에게 읽어 보라고 권하는 일이 일상적인 일이 된 듯했습니다. 이것이 무엇보다 큰 소득이었어요.

어린이책을 읽는 건 바쁜 일상을 사는 제게도 참 보람된 일이었습니다. 난해하고 심오한 책은 바쁜 일상을 사는 제게 무거운 짐 같았거든요. 그렇지만 어린이책은 독서의 문턱을 훨씬 낮춰 주었답니다. 종이, 그리고 활자와 계속 친한 친구로 남을 수 있게 도와준 아주 고마운 어린이책. 어찌 사랑하지 않을 수 있나요. 참 좋아요. 어린이책!

여러분에게 미션을 하나 드릴게요. 아이들에게 아래의 책들을 여러분의 육성으로 낭독해 주는 겁니다. 모두 읽어 주는 것이냐고요? 절대 아닙니다. 여러분의 목이 많이 아플 겁니다. 그러면 이 중에서 한 권만 골라서 읽어 주면 되냐고요? 그것도 아닙니다. 이 중에서 한 권을 골라 딱 세 페이지만 읽어 주세요. 딱 세 페이지만 눈으로는 함께 텍스트를, 귀로는 여러분의 목소리에 집중할 수 있게 분위기를 만들어 보세요.

아이들이 딱 세 페이지만 듣고 자리를 뜰 것이냐? 조금 더 읽어 달라고 조를 것이냐? 나머지 부분은 스스로 읽겠다면서 책을 가져갈 것이냐? 여러분 아이의 반응은 과연 어떨까요? 부디 첫 번째가 아니기를 바랍니다.

■ 순하고 깊은 맛을 느낄 수 있는 어린이책 ━━━━━━━━

1. 《돌 씹어 먹는 아이》 문학동네, 2014

2. 《쿵푸 아니고 똥푸》 문학동네, 2017

3. 《초록 눈 코끼리》 푸른숲주니어, 2010

4. 《박하네 분짜》 문학동네, 2023

5. 《로봇 물고기 하늘이》 고래뱃속, 2024

HOW
·
**어떻게 읽어야
할까?**

책 읽는 엄마, 함께 크는 엄마

하나 더 필요한 주춧돌

지난 이야기에서 독서 모임을 위한 두 가지 주춧돌에 대한 말씀을 드렸었지요. 첫 번째 주춧돌은 독서 모임을 시작해 보려는 소망을 품는 것이었고, 두 번째 주춧돌은 그 소망에 추진력의 날개를 달아서 정말 시작해 보겠다는 마음을 먹는 것이었어요. 그런데 이 두 가지 주춧돌이 아무리 튼튼해도 여전히 독서 모임의 시작은 두려울 수 있습니다. 왜냐하면 주춧돌 하나가 더 필요하거든요(찡긋)! 이번 장은 그 마지막 주춧돌에 관한 이야기입니다.

엄마의 용기

마지막 주춧돌은 바로 '엄마의 용기'입니다. 물론 여기에서 '엄마'라고 칭하는 건 주 양육자를 지칭하는 말입니다. 엄마가 아니라, 아빠일 수도 있고요. 이모, 삼촌, 고모, 선생님, 할머니 등 상황에 따라 모두가 될 수 있어요.

엄마는 부끄러움을 무릅써야 합니다. 엄마는 책 전문가도 아니고, 문해력을 연구하는 교수도 아니며 심지어 학창 시절에 국어 과목을 제일 싫어했을 수도 있어요. 어린 시절, 책과 담을 쌓았던 아이가 나 자신일 수도 있죠. 그런 내가 과연 아이들 앞에서 독서 모임을 하는 일이 가당키나 한가? 이런 생각이 충분히 들 수 있습니다. 그리고 이런 생각에까지 이를 수 있어요.

'이런 일은 전문가에게 맡겨야 해. 괜히 내가 나서서 하려고 했다가 내 아이와의 사이만 틀어질 뿐이야.'

결론부터 말씀드리면 아닙니다. 오히려 이런 일만큼은 전문가에게 맡기지 않아도 됩니다. 독서 사교육에 종사하고 계시는 분들께는 조금 죄송한 말이지만 독서 모임만큼은 엄마표가 확실히 가능해요. 물론 내 아이를 내가 가르치는 일은 어려운 일이 맞아요. 중이 제 머리를 잘 깎지 못하는 것처럼요. 저도 저희 아이들을 엄마표 수학으로 열심히 지도해 봤는데요. 교육자인 제게도 아주 힘든 일이었어요. 욱하는 심정, 여러분도 아시죠(왜 몇 번이나 가르쳐 줬는데도 모르니? 딸아)?

가르치는 일은 힘들다

여러분, 맞습니다! 가르치려 하면 힘듭니다. 정답을 도출하려고 하면 힘들어요. 아이에게 정답을 도출하는 방법을 자꾸 가르치려 하니 힘든 거예요. 왜냐하면 아이들은 정답을 도출하는 과정을 자꾸 잊습니다. 한 번 가르쳐 주면 컴퓨터 프로그램처럼 오류 없이 입력되는 우리 아이들이 아닙니다. 우리는 도 닦는 기분으로 반복해서 알려 줍니다. 화내지 말아야 한다고 마인드 컨트롤을 자꾸 해도 어느 순간 내 마음속에서 불쑥 튀어 올라와요. 아.까.도.풀.었.던.문.제.아.니.니? 이.걸.왜.또.틀.리.니! 이것이 엄마표 공부가 힘든 포인트입니다.

그런데 다행히도, 독서 모임은 가르치는 과정이 없습니다(올레). 서로 이야기를 주고받는 일이 전부입니다. 아이가 다소 엉뚱한 대답을 해도 괜찮습니다. 오히려 칭찬해 줄 수 있어요. "어머나, 우리 아들한테 이런 아이디어가 있었어?"라고 아이의 엉뚱한 대답도 창의력이 넘친다며 박수를 보내 줄 수 있어요. 독서 모임이 아니라면 불가능한 장면입니다. 평소라면 정색한 표정으로 아이를 꾸짖을지도 몰라요. "너 엉뚱한 소리 좀 그만해."라고요.

흔히 엄마표 공부는 아이와의 보이지 않는 기싸움이 필요합니다만, 독서 모임은 기싸움이 필요 없어요. 오히려 기싸움이 있으면 망칩니다. 티격태격 모드가 아닌, 도란도란, 조잘조잘, 꽁냥꽁냥 모드여야 하죠. 아이를 가르쳐야 겠다는 생각으로 독서 모임을 꾸리시려거든, 다시 한번 생각하셔야 해요. 아이와 책으로 수다 떨기, 이것을 다른 사람에게 맡기시겠어요? 그 재미있는 일, 우리랑 나눠야죠.

친구와 함께하면 더 좋다

독서 모임을 친구랑 함께하면 좋은 점이 여기에 있습니다. 첫째, 다른 친구 앞에서 우리 아이를 꾸중할 수 없어요. 우리 아이도 자존심과 체면이 있는데, 친구 앞에서 우리 아이를 혼낼 수는 없잖아요. 아이가 다소 엉뚱한 말을 해도 웃으며 넘길 수 있죠. 둘째, 아이도 스스럼없이 수다 떨 듯이 말할 수 있어요. 친구의 힘입니다. 또래가 있으면 솔직한 말도 적극적으로 할 수 있습니다. 또 친구의 얼굴만 봐도 아이디어가 잘 떠올라요. 끌어내기 힘든 생각도 친구가 옆에 있으면 브레인스토밍이 훨씬 잘 된답니다. 다시 말해, 도란도란 모드를 만들어 내기에 아주 좋다는 것이지요.

엄마의 훌륭한 언변은 필요 없다

엄마도 완벽할 필요가 없습니다. 독서 모임은 엄마도 배우는 과정인걸요? 그저 아이들의 수다를 흥미로운 눈으로 지켜보세요. 아이들의 책 수다를 우리가 어디에서 목격하겠습니까? 요즘 아이들의 생각, 표현을 지켜보세요. 어른들의 수다와는 또 다른 풍경이 그려질 겁니다. 귀엽고 재미있을 거예요. 지켜보는 것만으로도 젊은 어른이 된 것 같은 느낌마저 들지도 몰라요.

그리고 그 장면 사이에 자연스레 여러분의 수다도 한 꼬집 곁들여 주세요. 엄마가 말을 조리 있게 해서 모범을 보여야 하는데, 그러질 못한다고 지레 겁먹지 마세요. 독서 모임은 엄마의 말솜씨를 구경하고, 모델링하는 데 목적이 있지 않아요. 아이들이 엄마들의 말솜씨에 감탄하려고 독서 모임 하는 게, 절대 아니거든요. 그리고 아무렴, 우리가 아이들보다 먹은 밥이 몇 그릇인데 우리가 조금은 더 말솜씨가 있지 않겠어요(웃음)?

그리고 놀랍게도 우리의 말솜씨도 점차 늘어요. 아이들이 말할 거리가 많아지는 것처럼 우리도 아이들 앞에서 말할 거리가 점차 늘어가요. 나도 모르게 아이들 앞에서 또박또박 조리 있게 말하면 아이들은 바로 그때, 그 점을 모델링합니다. '와, 우리 엄마 멋있다.'라고 생각해요. 우리 엄마의 말솜씨가 원래 이 정도는 아니었는데, 노력과 성실의 힘으로 이렇게 발전했다는 느낌을 받아요. 노력으로 이룬 발전! 그 점을 모델링합니다. 이건 정말 억지로 가르칠 수가 없어요. 엄마가 몸소 보여 줘야 가능한 것이니까요.

아직도 '감히 내가 진행할 수 있을까?'라는 생각이 드시나요? 저는 감히 말씀드립니다. 감히 꿈꾸시라고요. 감히 도전하시라고요. 감히 아이와 함께 시작해 보시라고요. 아이와 여러분 사이에 보이지 않는 그 생기, 감히 느껴 보시라고요!

'엄마의 용기'라는 세 번째 주춧돌을 힘차게 세워 봅시다. 독서 모임으로 아이와 함께, 우리 자신도 '레벨 업' 해 보자고요!

Q. 아이 친구는 명확하게 근거를 대며 말을 너무나 조리 있게 해요. 저희 아이는 "음…", "어…"만 반복하고, 상황에 맞지 않는 말을 하는 등 수준 차이가 심해 보여서 속상해요. 그래서인지 아이가 발언할 때, 제 표정이 좋지 않습니다. 독서 모임을 하고 나서도 찝찝한 마음이 들어서 아이를 꾸중하게 돼요.

A. 무언가를 말할 때 망설이는 듯한 표현을 곁들이면 다소 자신감이 없어 보이는 건 사실이지요. 함께하는 아이와 수준 차이가 실제로 당연히 있을 수도 있어요. 아이 둘 다 비슷한 수준인 경우를 찾기가 더욱 어려울걸요? 그런데요. 이렇게 생각해 봅시다. 독서 모임을 하지 않고 다른 사교육의 도움을 받으면 우리 아이의 말솜

씨가 눈에 띄게 좋아질까요? 눈에 띄는 효과를 당장 가져다줄까요? 대개는 그렇지 않거든요. 발전을 위해서는, 약간의 시간과 노력을 투자해야 하는 법입니다. 노력으로 인한 발전. 여기에 포커스를 두세요. 현재 말솜씨가 부족하다면 발전의 기회가 엄청나다는 뜻이기도 하니까, 칭찬의 기회도 엄청 많은 것이지요? 아이의 현재를 바라보지 마세요. 노력으로 발전될 나중을 바라보세요.

누구와 언제, 어떻게 시작해야 할까?

이제까지 여러분께 들려 드렸던 이야기가 '온 가족 책 읽기'를 하기 위한 마음가짐 준비 단계였다면, 이제부터 들려 드릴 이야기는 조금 더 구체적이고 실용적인 노하우에 관한 이야기입니다. 육하원칙(누가, 언제, 어디서, 무엇을, 어떻게, 왜) 중에서 '무엇을'과 '왜'에 해당하는 이야기를 이제까지 해 드린 셈입니다. 이번 장에서는 '누가(누구와), 언제, 어떻게'에 대한 이야기를 해 드릴 수 있겠네요. 그럼 시작해 보겠습니다!

언제 시작하는 것이 좋을까?

자녀가 초등학교 3학년 이상인가요? 그렇다면 저는 '온 가족 책 읽기'를 하기에 최적의 시기라고 생각합니다. 초등학교 3, 4학년은 중학년이지요. 무언가를 새롭게 시작하기 적당한 학년입니다. 특히 초등학교 3학년은 1, 2학년의 통합교육과정을 마치고, 여러 과목의 학습 뼈대를 세우는 학년입니다. 3학년 어린이들은 1, 2학년 어린이들보다는 훨씬 의젓해요. 그런데 생각과 행동이 여전히 순수합니다. 그래서 1, 2학년 못지않게 귀엽답니다.

또 아직 학습 스트레스가 많지 않아요. 이 말은 무엇인가를 새로 시작하기에 좋다는 뜻입니다. 부모님이 함께해 보자고 제안하는 걸 '공부'나 '성적'으로 엮지 않아요. 부모의 제안을 순수하게, 의심 없이 받아들입니다. 그래서 아이에게 독서 모임을 해 보자고 제안했을 때, 아이가 단호하게 거절할 가능성이 제일 낮은 학년이 바로 3학년입니다. 세상에 대한 호기심, 학교에 대한 호기심, 학습에 대한 호기심도 점차 발달해 가기 때문에 저는 초등학교 3학년을 추천합니다. 시간적인 여유가 가장 많은 학년이기도 하고요.

1, 2학년 어린이들도 가능할까?

초등학교 1, 2학년 어린이들과 함께 독서 모임을 꾸리는 경우도 종종 있는데 저는 그다지 추천하지 않습니다. 1, 2학년 시기에는 그저 아이들이 '많이' 읽는 데 힘을 쏟으면 좋겠어요. 여러 분야의 다양한 책들을 눈과 귀, 손으로 많이 보고 듣고 만지고 느껴 보면 좋겠습니다. 1, 2학년 시기에는 그림책을 많이 읽게 될 텐데요. 그림책은 활자 수가 적기 때문에 한 권을 읽는 데 소요되는 시간이 그리 길지 않지요. 그래서 책을 마구 쌓아 두고 읽는 경험이 가능합니다. 그런 경험을 이 시기의 아이들이 충만하게 했으면 좋겠어요. 책에 파묻혀 보는 경험 말입니다. 초등학교 3학년부터는 그런 경험을 하기가 생각보다 어렵답니다. 아무래도 그림책보다 어린이책을 접하는 경험이 많아지다 보니 책을 쌓아 두고 읽기 어렵습니다.

　그렇다고 '1, 2학년 어린이들과 독서 모임을 절대 하지 마시오!'라고 단언하는 건 절대 아닙니다. 1, 2학년 친구 중에서도 충분히 독서 모임을 할 수 있는 문해력과 의사소통 능력, 집중력과 독서력을 가지고 있는 친구들이라면 해 볼 만합니다. 하지만 무리한 시작은 자칫 '독서 토론, 독서 모임, 독서, 책'에 대한 거부감을 심어 줄 수 있으므로 신중할 필요가 있다는 이야기죠.

누구와 하는 것이 좋을까?

　'온 가족 책 읽기'를 함께할 수 있는 '누구'! 그 누구를 찾는 일은 아주 중요합니다. 아이들끼리의 관계뿐만 아니라, 어른들끼리의 관계도 좋아야 하니까요. '온 가족 책 읽기'는 우리 아이의 문해력 향상, 토론 기술 습득을 주된 목표로 하는 게 아닙니다. 이것들은 독서 모임을 하다 보면 부수적으로 얻는 귀중한 소득 중 하나일 뿐입니다. '온 가족 책 읽기'는 관계 형성이 중요한 기틀입니다. 내가 읽은 책을 나만 알고, 나만 느끼는 것이 아니라 다른 사람에게 전달해야 하고, 또 전달받아야 해요. 관계를 맺을 수 있어야 하죠. 그래서 그 관계에 기꺼이 함께해 줄 수 있는 친구를 찾는 일이 중요합니다.

　아이의 친구들을 떠올려 보세요. 너무 친해서 얼굴만 봐도 까르르 웃음이 터지는 친구도 좋고요. 만나면 진중하게 이야기 나눌 수 있는 차분한 관계의 친구도 좋습니다(친구가 차분해야 한다는 뜻이 아닙니다). 그런데 만나면 서로 짓궂게 장난치는 관계의 친구는 다시 한번 생각해 봐야 해요. 아무래도 그런 관계의 친구라면 독서 모임을 진행하는 내내 엉덩이가 붕붕 떠다닐지도 몰라요. 그리고 이왕이면 책을 좋아하는 친구라면 더욱 좋겠습니다. 아무래도 독서 모임은 책을 주요 매개로 사용하는 시간이니까, 책을 좋아하는 친구라면 금방 마음이 통해 빠져들겠지요.

또 한 가지! 반드시 같은 나이의 친구 관계가 아니어도 됩니다. 한 살 차이의 언니(누나)와 동생, 오빠(형)와 동생도 아주 훌륭한 짝꿍이 될 수 있어요. 따라서 가족 구성원이 멤버가 되어 참여하는 독서 모임을 꾸려도 좋습니다. 꼭 친구와 함께하지 않아도 됩니다. 아빠는 아빠대로, 엄마는 엄마대로, 첫째는 첫째대로, 둘째는 둘째대로 혹은 그 이상 참여하는 가족 독서 모임도 행복한 가정 문화를 정착시킨다는 점에서 아주 훌륭합니다.

인원은 몇 명이 적당할까?

인원 또한 정해진 규칙은 없습니다. 다만 저는 친구 두세 명과 함께하는 것을 추천하는 편입니다. 인원이 너무 적으면, 아이가 자신 있고 솔직하게 이야기하는 것에 어색함을 느끼거나 두려움을 표현할 수도 있어요. 아이들은 아이들과 함께 있을 때 제일 아이답거든요. 일종의 군중 심리 같은 건데 또래 친구들과 함께 있을 때, 딱 아이다운 모습을 보여 줍니다. 솔직한 생각을 서슴없이 말해요. 참여하는 아이가 본인 혼자라면 신중한 성격의 아이는 자기 생각을 이야기할 때 자기 검열을 합니다. '이렇게 말해도 될까?', '이렇게 말하는 건 틀린 건가?'라고요. 친구들과 함께 있으면 거침없이 토로할 텐데 말입니다.

그렇다고 너무 많은 인원수가 함께하면 독서 모임에 무임승차 하는 친구들이 생길 수가 있어요. 심지어 책을 읽고 오지 않아도 될 만큼 교묘히 묻힐 수 있습니다. 인원이 많으면 발언권을 갖기도 힘들죠. 발언권을 쉽게 얻을 수 없으니 자연스럽게 무임승차 하게 되는 겁니다. 이렇게 무임승차 하는 친구들이 생기면, 독서 모임의 존립이 흔들립니다. 무임승차 하는 친구들이 점차 늘어나서 결국 주도적으로 말하는 친구는 고정되고 말 것이고요. 나중에는 그 아이들마저 열정 없는 나머지 친구들의 모습에 지쳐 버려요.

저는 학교에서 '속닥속닥 북클럽'이라는 학생 동아리를 운영했습니다. 총 인원이 열 명이었는데, 사정이 생겨 결석하는 친구들도 생기다 보니 보통 일곱에서 열 명의 아이와 독서 모임을 3년 동안 진행했습니다. 그런데 이렇게 인원이 많아지니 확실히 두세 명의 아이들과 함께할 때보다 위에서 말씀드린 문제점이 조금씩 보이기 시작했어요.

그리고 아이와 양육자, 이렇게 단둘이서 하는 것도 정말 좋습니다. 멤버를 찾지 못해 시작하지 못하는 것보다 일단은 시작하는 게 우선입니다.

목표는 소박하고, 여유롭게 세우기

저 또한 딸의 친구들을 떠올려 보았습니다. 다행히도 어렵지 않게 멤버로 친구 A를 떠올릴 수 있었어요. 제 딸과 A는 서로 동갑에 맏이였고, 같은 학교, 같은 반의 경험도 있었고 같은 교회에 다니고 있었어요. 이것 말고도 공통점이 많았어요. 왜냐하면 아이들처럼 엄마들끼리도 닮은 점이 참 많은 우리 넷이었으니까요. 일단 A 엄마에게 드라마 〈스카이 캐슬〉 이야기부터 박웅현 씨 강연의 감동에 대해 열변을 토했어요. 누구든지 할 수 있다, 우리도 할 수 있다, 우리 어른들도 독서 모임을 통해 배울 것이 참 많을 거라며 제 강력한 의지를 피력했습니다. 결국 우리는 조심스럽지만, 함께 '온 가족 책 읽기'의 첫발을 떼어 보기로 했습니다. 혼자 하는 것보다 누군가와 동행하는 기분 좋은 의무감과 소속감도 즐겨 보기로 하면서요.

저희는 "한 달에 한 번, 다섯 번! 딱 다섯 달 정도만 해 보자."라고 소박한 목표를 세웠어요. 그렇게 시작했던 독서 모임이 어느덧 만으로 6년을 꽉 채우고 있습니다. 저는 '온 가족 책 읽기'를 시작하기에 앞서, 목표를 너무 거창하게 세우는 것보다 소박하고 여유로운 일정을 잡으시기를 추천합니다. 아이들도 바쁘지만, 우리 어른들도 바쁘니까요. '온 가족 책 읽기'를 하기 위해서는 약간의 시간과 노력을 들여야 하는데, 그 사이클이 너무 자주 돌아온다면 금방 지칠지도 몰라요. 그래서 저는 아주 여유로운 일정인 한 달에 한 번, 총 5회를 목표로 시작하게 된 것이지요. 다만 목표를 세울 때 '5회는 해 보자!'라는 의지가 필요합니다. 우리 아이들의 독서 모임이 일회성의 체험, 쇼가 되지 않으려면 중장기적인 계획도 필요하니까요. 1년은 너무 긴 느낌이니 딱 한 학기! 5~6회는 해 보겠다는 목표도 세우시길 바랍니다. 저희는 한 달에 한 번, 총 5회를 계획했었습니다.

자녀가 5, 6학년인데 아직 독서 모임의 경험이 없고, 독서 모임을 너무 늦게 시작한 것 같아서 마음이 조급하신 분들도 간혹 계십니다. 그래서 일주일에 한 번씩 독서 모임을 하는 경우도 있어요. 그런데 저는 조심스럽게 제안합니다. 너무 빨리 지칠 수 있으니, 긴 호흡으로 멀리 바라보자고 말입니다. 우리 아이들의 독서, 후딱 해치워서 졸업할 수 없잖아요. 우리 아이들이 평생 독자로 자라길 바라시잖아요. 독서에 질리게 만들면 안 됩니다. 독서 모임이

지긋지긋한 과제가 되어서는 안 됩니다. 우리 천천히, 소박하고, 여유롭게 출발하도록 해요.

그러니까 여러분! 제가 처음 시작할 때처럼, 여러분도 '한 달에 한 번, 다섯 번! 딱 다섯 달 정도만 해 보겠다.'라고 마음먹어 보세요.

Q. 저 포함 엄마 두 명, 아이 두 명, 총 네 명이 독서 모임을 시작했어요. 그런데 독서 모임을 준비할 때, 제가 더 많은 힘을 쏟는 편입니다. 처음 독서 모임을 제안했던 사람은 저였고, 그러다 보니 자연스럽게 제 노력과 제 품을 더 들이는 편입니다. 이렇게 한 사람이 좀 더 주도적으로 이끄는 독서 모임은 어떤가요. 나머지 한 엄마에게 우리 둘 다 함께 노력하자고 진지하게 이야기해 볼까요?

A. 충분히 생길 수 있는 고민입니다. 그렇지만 결론부터 말씀드리면, 한 사람이 조금 더 주도적으로 이끄는 독서 모임도 좋습니다. 사공이 많으면 배가 산으로 가기도 하죠? 질문 주신 어머니가 조금 노력을 더 들이더라도, 확실히 중심을 잡고 나아가시면 됩니다. 매번 내 노력이 더 들어가는 것에 대해 아쉽다고 생각하지 마세요. 내가 더 힘을 쏟는 것을 억울해하지 마세요. 왜냐하면 아이가 지켜보고 있으니까요. 아이는 엄마의 성실함과 꾸준함을 그대로 보고 배운답니다. 귀찮아하고, 억울해하는 모습 대신, 뿌듯해하는 모습을 아이에게 열심히 뽐내세요. 그것이 살아 있는 교육입니다.

독서 모임을 위한 책 읽기

이번에는 아이들과 '책을 읽는 요령'에 대한 이야기를 해 보려고 합니다. 결국 독서 모임은 책을 읽는 일이 전제되어야 하니까요. 책을 읽지 않은 아이를 데리고 억지로 독서 모임을 할 수는 없습니다. 일단은 어쨌든! 책을 읽어 내야 해요. 코에 손을 안 대고 코를 풀 수는 없겠죠? 자, 이제 책에 손대는 연습을 해야만 해요. 그런데 독서 모임을 위한 책 읽기는 다른 책 읽기와는 분명히 달라야 합니다. 이번 장에서는 성공적인 '온 가족 책 읽기'를 위해 어떻게 책을 읽어야 하는지에 관해 이야기를 나눌까 합니다.

정독은 필수

독서 모임을 위한 책 읽기의 첫 번째 특징! 바로 정독精讀입니다. 다시 말해, 속독速讀하지 말아야 해요. 너무 당연한 거 아니냐고요? 그런데 너무나 당연한 이것이 생각보다 어렵습니다. 오늘날처럼 다양한 미디어가 넘쳐나는 세상에서 우리 눈은 더 자극적인 것에만 집중하려는 당연한 본능이 있어서 그렇습니다. 우리 뇌는 자꾸 편안한 쪽을 쫓습니다. 그래서 아무래도 휘황찬란한 효과가 덧입혀진 영상이 활자만 가득한 종이보다 우리의 눈과 귀를 현혹하기 쉽습니다. 게다가 뜻을 새겨가며 자세히 읽는 '정독'은 일단 많은 시간과 집중력을 요구하기까지 합니다. 그러니 정독하려면, 나를 현혹하는 다른 모든 자극들을 너끈히 물리치고 책에만 몰입할 수 있어야겠죠. 자연스럽게 책에 몰입할 수 있으면 참 좋겠지만, 그런 어린이들은 교실에서 한 명 볼까 말까 하고요. 대부분의 어린이에게는 물리적인 노력이 확실히 필요합니다.

안타깝게도 요즘 아이들은 '물리적인 노력'에 취약합니다. 그래서 제가 《듣는 독서로 완성하는 아이의 공부 내공》에서도 강조한 것이 "사운드북이 아닌 종이책에 익숙하게 해 주세요."였어요. 종이와 활자로만 이루어진, 이렇게 딱딱하고 무던하며 수수한 물건과 친해지는 경험이 필요하다고 강조했습니다. 편한 것만 찾으려는 우리의 뇌가 책과 만나는 경험! 바로 이것이 평생 독자로 가는 지름길이거든요.

책 인내력 쌓기

종이책을 만져 보고 읽어 보는 등 종이책과의 만남이 반복되다 보면, 우리 뇌에는 어느덧 책에 대한 인내력이 쌓입니다. 전에는 5분도 앉아서 읽지 못했는데, 20분을 견디는 힘이 생기지요. 미디어 자극을 통한 화끈한 흥미에서 벗어나 있는 상태가 우리에게 건강한 독서 면역력을 키워 줍니다.

가끔 학부모님들 중에는 아침에 아이를 잠에서 깨우기 위해 TV를 켜거나, 유튜브 동영상을 켜는 분들이 계시더라고요. 개인적으로 정말 그러지 않으셨으면 좋겠어요. 심지어 그것이 영어 동영상이라고 해도 일단은 조심스러워야 한다고 생각합니다. 아침에 일어나면 당연히 우리의 뇌도 워밍업이 필요해요. 미디어 자극은 워밍업 시간을 단축시킵니다. 일어나지 않으려던 어린이가 미디어의 힘으로 벌떡 자리에서 일어납니다. 왜냐하면 그만큼 자극적이니까요. 자극적인 것으로 우리의 뇌를 워밍업하면 시간적인 측면에서는 이득이겠지만, 나머지 부분에서는 손해입니다. 이제 그 이하의 자극에서는 우리의 뇌가 절대 워밍업이 되지 않을 테니까요. 책처럼 정말 수수하기 짝이 없는 물건은 우리의 뇌를 절대 흥분시키지 못해요. 아이는 점점 재미있는 자극만 찾게 될 거예요. 독서 면역력을 키우고 싶다면, 미디어 기기보다 종이책을 가까이에서 자주 보고 만지게 해 주어야 합니다.

정독은 충분한 시간을 필요로 한다

그런데 여러분! 정독할 때 가장 필요한 게 무엇일까요? 바로 '시간'입니다. 정독할 수 있는 '시간'이 필요해요. 영어 공부, 수학 공부, 악기 연습 등 아이에게 해야 할 일들이 너무 많아 시간이 부족한 상태에서는 정독해 내기가 어렵습니다. 마음에 여유도 없고 조바심이 나서 눈을 크게 뜨고 책에 집중할 수가 없어요. 진정한 정독은 책에 몰입된 상태를 말하죠. 책에 몰입하다 보면 시간 가는 줄 모르고 책 속으로 퐁당 빠져 버리게 됩니다. 그런데 시간 가는 줄을 너무나 '잘' 알면 몰입할 수가 있나요? '아, 곧 영어 학원에 가야 할 시간이네.'라는 생각으로 자꾸만 시계와 책을 번갈아 쳐다보니, 정독이 사실상 불가능해집니다. 자연스럽게 속독을 할 수밖에 없어요. 영어 학원 셔틀버스를 타기 전에 이 책의 결말을 읽고 말겠다는 열정이 아이를 속독하게 만드는 거죠.

모든 책을 정독할 필요는 없다

여기서 한 가지 주의해서 생각해야 할 것은 아이가 모든 책을 다 정독해야 하는 건 아니라는 점입니다. 영어 학원 셔틀버스를 타기 전 같은 자투리 시간에는 당연히 '속독'해야 합니다. 도서관에 가서는 내가 필요한 정보만 골라 읽는 '발췌독'도 할 수 있어야 해요. 그런데 생각보다 많은 학부모님이 자녀가 불가능을 가능케 하기를 바라시더라고요. '속독'을 하면서 '다독'을 하고, 동시에 자세히 마음에 새겨 깊이 읽기까지 해 내기를 바라는 거죠! 정독과 속독, 다독을 동시에! 하! 어떻게 이것이 가능할까요. 불가능합니다.

중요한 건 어느 상황에선 속독도 할 수 있어야 하고, 어느 상황에선 정독도 할 수 있어야 한다는 것. 그 두 가지를 동시에 할 필요는 결코 없다는 것! 그것이 핵심이라는 걸 잊으면 안 됩니다.

정독과 속독, 적당한 자율과 관여가 필요하다

속독, 발췌독에 비해 정독은 고도의 집중력을 요구하므로 당연히 어렵습니다. 물론 일부 어린이는 누가 가르쳐 준 것도 아닌데 스스로 정독을 즐기는 아이가 있어요. 그렇지만 그런 아이들은 극소수입니다. 아이들 대부분은 정독을 힘들어해요. 그러니 "네가 알아서 해.", '본인이 알아서 하겠지.', '정독할 때 되면 정독하게 될 거야.'라고 그냥 내버려둬서는 안 됩니다. 그냥 내버려두면 우리 뇌는 분명히 편하고 자극적인 쪽을 선택한다니까요? 겉보기엔 자율적인 선택을 존중해 주는 것 같지만, 자세히 들여다보면 방관입니다. 그렇다고 해서 물론 "지금 어디까지 읽었니?", "너 지금까지 내용 100퍼센트 이해하고 읽고 있는 거 맞니?", "정말 모르는 낱말이 단 하나도 없었단 말이야? 그럴 리가 없는데?"라는 식의 과도한 간섭과 개입 또한 금물이죠.

저는 아이의 다른 독서에는 전혀 관여하지 않아요. 아이가 발췌독을 하든, 속독을 하든, 아니면 책 표지만 보고 그냥 책장을 바로 덮든! 독서만큼은 아이의 모든 선택에 힘을 실어 주고, 책 읽는 방법에 대해 자율성을 부과합니다.

하지만 독서 모임을 하는 책만큼은 정독을 요구합니다. 한 달의 한 권은 정독을 '부탁'해요. 그리고 그 책을 읽을 충분한 시간을 줍니다. 아이의 바쁜 시간을 쪼개어 정독을 강요하지 않아요. 물론 아이가 처음부터 제 부탁을 두 팔 벌려 환영하지는 않았습니다. 원래 아이들은 엄마의 요구에 순순히 협조하지 않잖아요.

함께 읽기를 시작하라

그래서 저는 '함께 읽기'를 합니다. 이것이 독서 모임을 위한 책 읽기의 두 번째 특징입니다. 저는 '온 가족 책 읽기'로 정해진 책을 한 권이 아닌, 두

권 준비합니다. 한 권은 새 책으로 구매해서 소장하고, 다른 한 권은 도서관에서 대출합니다. 새 책은 아이에게 주고, 빌린 책은 제가 읽습니다. 그리고 아이가 읽는 속도에 맞춰 저도 함께 읽습니다. 그리고 가능한 아이가 책을 읽을 때, 저도 읽으려고 노력합니다. 아이의 책 읽는 속도에 제가 맞춥니다. 그렇다 보니 아이가 정독할 수 있도록 제가 일부러 천천히 읽을 때도 있어요.

책을 읽다가 왠지 '이 부분은 아이가 이해하기 어려운 내용일 것 같다.'라는 생각이 들면, 오히려 제가 이해가 안 된다고 먼저 갸우뚱합니다. 물론 선의의 거짓말입니다. 이해가 안 가는 척 약간의 연기를 하는 거죠. 그럼 아이가 제게 물어요. "엄마 왜 그래요?"라고요. 아이에게 이 부분이 이해가 잘 안된다고 이야기해 주면 "엄마, 이건 말이죠. 주인공이~ 블라블라." 하고 아이가 도리어 제게 설명을 해 주기도 해요. 아이의 텍스트 이해도를 교묘하게 엿볼 수 있는 절호의 기회인 셈입니다.

이제까지 읽은 내용 중에서 어려운 말은 없었는지, 책의 초반부는 조금 지루하지는 않은지, 이 책을 읽다 보니 떠오르는 경험은 없는지 이야기를 나누는 것도 좋습니다. 사실 책을 읽는 과정에서부터 '온 가족 책 읽기'는 이미 시작되는 겁니다.

아이와 제가 같은 책을 동 시간에 펼친다는 건 제게도 책을 읽을 시간이 충분히 주어져 있음을 의미하겠지요. 아이와 저, 모두 시간적 여유가 충분히 풍요로울 때 같은 책을 펼쳐 읽는 겁니다. 다시 한번 강조하지만, 충분한 시간적 여유가 정독을 가능하게 만들어요.

함께 읽으면 좋은 점

아이와 동 시간에 함께 책을 읽으면 비슷한 페이지 부근을 읽을 때, 아이의 질문에도 효과적으로 대답해 줄 수 있습니다. 처음 들어보는 어휘 때문에 아이의 독서 진도가 안 나가는 때도 있는데, 그때 함께 읽는 어른이 도움을 줄 수도 있습니다. 교실에서도 마찬가지입니다. 아이들과 교사가 같은 책을 보면, 아이들의 질문에 교사가 곧바로 대답해 줄 수 있죠. 농사지을 땅에서 자갈돌을 골라내는 작업을 아이 혼자가 아니라, 아이와 어른이 함께하는 겁니다. 자갈돌이 제거된 기름진 땅에서 아이가 뿌린 씨앗은 뿌리내려 꽃피우고 열매를 맺겠죠.

줄거리 요약을 위한 정독

이제 독서 모임을 위한 책 읽기의 세 번째 특징입니다. 바로 '줄거리 요약'이 필요하다는 점입니다. 다음 장에서 더 자세히 말씀드리겠지만 '온 가족 책 읽기'를 진행할 때는 줄거리를 확인하는 데 너무 많은 시간을 할애할 수가 없습니다. 줄거리 요약하는 데 시간을 너무 쏟아 버리면, 정작 깊이 있는 수다를 나눌 시간이 부족해져요. 그래서 정독이 필요합니다. 책을 꼭꼭 씹어 읽어야 줄거리를 완성도 있게 이해할 수 있지요. 저는 독서 모임을 위한 한 권의 책을 한 달 동안 서너 번 읽게 합니다. 그중 첫 번째는 저와 함께 읽습니다. 두 번째, 세 번째, 네 번째의 독서는 아이에게 맡깁니다. 두 번째 읽을 때부터는 속독해도 아무 상관 없습니다. 아무래도 한 번 읽은 책이니 자연스럽게 속독하게 될 거예요.

책을 끝까지 여러 번 다 읽고 나면, 아이들은 어느덧 책 속 등장인물의 관계도를 스스로 머릿속에 그릴 줄 압니다. 시간 순서에 따라서 사건을 정렬할 수도 있게 됩니다. 여러 번 책을 읽은 상태이므로 충분히 할 수 있습니다. 그렇지만 아이들에게 무턱대고 줄거리를 말해 보라고 지시하는 건 자칫하면 '평가'의 느낌을 주기 쉬워요. 그래서 저희는 번갈아 가면서 릴레이로 줄거리를 이어 말해 봅니다. 집에서는 저랑 아이 둘이 번갈아 말하는 형식이고, 교실에서는 제가 아이들 다수와 번갈아 말하는 방식입니다.

엄마 : 장발장은 누나 가족과 함께 가난하게 살았어.

딸 : 그런데 어느 날 누나의 남편(매형)마저 죽고 말았지.

엄마 : 장발장은 어린 조카 일곱 명이 너무 불쌍했어.

딸 : 그래서 무작정 길거리로 나왔다가 그만 빵을 훔치고 말았어. 자베르 경감은 장발장을 용서해 주지 않았지.

엄마 : 장발장은 결국 감옥에 가게 되었는데, 탈옥까지 하는 바람에 19년이나 복역했어.

딸 : 감옥에서 나온 장발장은 미리엘 주교를 만나 용서를 받았어.

엄마 : 그리고 '마들렌'이라는 이름으로 살다가 코제트를 만났어.

딸 : 테나르디에 부부는 코제트를 엄청 부려 먹었어!

엄마 : 코제트는 나중에 마리우스와 사랑에 빠지지.

딸 : 그런데 마리우스는 장발장을 자꾸 의심했어.

엄마 : 하지만 마리우스도 나중에 깨달아.

딸 : 맞아. 그래서 장발장한테 찾아가서 잘못을 빌어. 그리고 장발장은 하늘나라로 가.

이렇게 말이죠. 책을 한 번 읽고 나서는 이렇게 세세한 줄거리 요약이 불가능합니다. 아마 "장발장이 빵을 훔치다 감옥에 갇혔고, 출소 후에 신부에게 용서받고 착하게 살다가 죽었어요."라고 할 겁니다(물론 이것도 훌륭한 줄거리 요약입니다). 특히 《장발장》과 같은 외국 소설의 경우, 등장인물의 이름이 입에 붙지 않아 한 번 읽어서는 누구에게 무슨 일이 생겼는지 헷갈리기 십상입니다. 또 여러 번 읽었다고 해도, 줄거리 요약이 아직 어려운 아이들은 위와 같이 세세하게 요약하지 못할 수도 있습니다. 책 초반의 줄거리를 이야기하다가 중반이나 후반으로 곧바로 넘어가 버릴 수도 있어요. 바로 이렇게 말입니다.

엄마 : 장발장은 어린 조카 일곱 명이 너무 불쌍했어.
딸 : 결국 장발장은 탈옥했어.

아이가 책을 여러 번 읽었는데도 줄거리 요약을 어려워할 때는 아직 줄거리 요약 경험이 없어서 요령이 없을 뿐이니 '책을 그렇게 여러 번 읽었는데도, 책을 이해하지 못한 건가' 하고 조바심 내시지 않아도 괜찮습니다.

우리가 아이들과 함께 책을 나누는 '독서 나눔'의 목적에는 여러 가지가 있겠지만, 그중에는 '잘 읽기 위해서'도 빠질 수 없습니다. 꼭꼭 씹어 잘 읽고, 잘 소화해 내 것으로 만들어 내는 게 중요한 목표거든요. 사람은 누구나 자기만의 책 나무를 가집니다. 우리 아이들도 마찬가지이지요. 우리 아이의 책 나무를 잎사귀 하나 없이 텅 비워 두지 말자고요. 윤기 있고 건강한 나뭇잎 하나를 독서 모임을 통해 함께 달아 보는 일. 우리가 지금 그 일을 하려는 겁니다.

어떤 이야기를 나눌까?
질문 뽑아내기!

저는 '김수현 선생님의 어린이 속닥속닥 북클럽'이라는 네이버 카페^{cafe.} naver.com/emedhksrhd를 운영하고 있습니다. 처음에는 저의 지난 책들에 싣지 못한 여러 이야기를 담는 공간으로 사용하려고 카페를 열었는데요. 요즘에는 독서 모임의 후기를 남기고, 워크북을 공유하는 카페로 사용하고 있어요. 그곳을 통해 많은 분이 제게 독서 모임에 관한 질문을 주시곤 하는데, 가장 많이 받는 질문은 바로 이것입니다. "선생님! 질문을 어떻게 만들어야 할지 감이 안 와요!"

그런 질문을 받을 때마다 그저 "부담 갖지 마세요. 그냥 책으로 수다 떤다고 생각하세요."라고 다소 두루뭉술한 답변을 드렸는데, 이번 장에서 좀 더 자세히 알려 드리겠습니다. 저는 어린이들과 수다 떠는 일이 직업인 사람이라 이것이 어렵지 않지만, 이 개념이 어려우신 분들도 많으실 것 같아요. 자세히 알려 드리도록 하겠습니다.

책을 만든 사람에 대한 존중이 먼저

저는 작가에 관한 이야기를 가장 처음에 나눕니다. 책을 만든 사람에 대한 존중을 표현하는 것이지요. 누군가의 공들인 창작물을 우리가 향유하는 거잖아요. 책마다 작가가 다르니 향유하는 느낌도 책마다 다를 수밖에 없어요.

작가마다 작가 고유의 문체가 있지요. 오랜 기간 어린이책으로 독서 모임을 하다 보면 한 작가의 책을 여러 권 다룰 때도 있는데, 그 작가를 다시 만나면 마치 오래전 친구를 만난 것처럼 반가운 마음이 들어요. 김선정 작가의 《최기봉을 찾아라!》로 독서 모임을 한 적이 있는데, 그 책에 '공주리'라는 등장인물이 나오거든요. 그리고 2년 뒤, 같은 작가가 쓴 책 《우리 반 채무 관계》로 독서 모임을 했습니다. 그런데 아이들이 먼저 말하더라고요.

"김선정 작가님의 실제 딸이 혹시 '공주리'가 아닐까요? 《최기봉을 찾아라!》에도 '공주리'라는 인물이 나오는데, 《우리 반 채무 관계》에서도 '공주리'라는 이름이 나오거든요. 뭔가 관계가 있는 게 분명해요!"

또 그림 작가가 있다면 그림 작가에 관한 이야기도 나눕니다. 그림 작가는 글 작가보다 훨씬 정체성이 강렬하게 다가오는 편입니다. 그림의 결이 작가마다 도드라지게 드러나거든요. 아이들은 어른보다 더 그림과 친해요. 표지에 관한 이야기를 나누면서 그림 작가에 관한 이야기를 나누는 것도 좋습니다. 독서 모임을 통해 어린이책을 깊게 접한 아이들은 표지만 봐도 알아요. "어? 이 그림은 국민지 작가 풍인데?" 하고 말이죠.

작가에 대한 추가 정보를 찾아라

작가에 관한 이야기를 아이들과 더 나누고 싶다면, 인터넷이나 유튜브에 작가의 소식을 검색해 보는 것도 좋습니다. 채널예스와 같은 도서 사이트 내 인터뷰도 종종 있고, 기타 언론사 인터뷰도 많이 찾아낼 수 있어요. 유튜브로는 영상으로 작가의 말하는 모습도 볼 수 있으니, 아이들이 흥미 있어 합니다. 작가의 글은 작가의 말과 무엇이 다르고 비슷한지 느껴 보는 거죠. 네이버 블로그, 인스타그램과 같은 개인 SNS를 하는 작가들도 많습니다. 작가의 개인 일상을 바라보는 것도 참 재미있어요. 가끔 댓글도 달아 보기도 하는데, 작가와 한결 친해진 느낌이 들어서 독서 모임에 대한 흥미가 수직 상승합니다.

관용어구도 짚고 넘어가요

한 어휘의 뜻을 정확히 설명하는 일은 어른도 쉽지 않다고 말씀드렸죠. 그래서 독서 모임을 통해 어휘의 정확한 뜻을 짚어 주는 일도 해 봄 직합니다. 평소에는 어휘의 정확한 뜻을 짚고 넘어갈 일이 별로 없으니까요.

어휘에 관한 질문은 퀴즈 형식으로 준비해도 좋습니다. 아이들이 재미있게 참여하면서 동시에 어휘도 습득할 수 있죠. 예를 들면 이런 식입니다.

엄마 : '사교적이어서 아는 사람이 많다'라는 뜻을 가진 말은 무엇일까요?
아이 : 정답! 발이 넓다!

역할을 바꾸어 반대로 해 볼 수도 있어요. 아이들이 나머지 멤버에게 낱말 뜻을 설명해 주고 알아맞히도록 하는 겁니다. 퀴즈를 내는 아이가 태블릿에 깔아놓은 '네이버 사전' 앱을 이용해서 검색한 뒤, 나머지 멤버에게 소리 내어 읽어 주는 것이죠.

내용 확인 질문은 최소한으로

질문을 만들 때 가장 쉽고 빠른 방법은 책의 내용을 확인하는 질문입니다. 이런 질문은 정답이 분명히 있어요. 이렇게 정답이 정확하게 있는 질문을 '수렴형 질문' 혹은 '폐쇄적 질문'이라고 합니다. 책을 읽지 않았다면 도무지 정답을 말하기 어렵습니다. 대신 충분히 정독했다면 쉽게 맞힐 수 있지요. 그런데 내용 확인 질문이 독서 모임의 질문 중 너무 큰 비중을 차지하면 독서 모임이 아니라 '독서 골든벨' 같은 느낌을 주기 쉽습니다. 시험 같은 느낌을 줄 수 있어요. 평가회, 검사받는 자리가 아니므로 내용 확인 질문은 최소한으로 준비합니다. 저 같은 경우 책마다 다르지만, 과감히 아예 생략하는 일도 있고요. 두세 개의 내용 확인 질문을 준비하기도 합니다.

내용 확인 질문은 만들기가 쉽고 간편해서 아이들에게 직접 출제를 부탁해도 좋습니다. 아이들이 즉석에서 책을 보면서 뚝딱 만들어 내는 것인데, 이 과정을 아이들이 은근히 흥미로워하기도 해요. 마치 선생님이 된 것 같은 기분이 든다나요?

확산적 질문하는 법

반면 정답이 없는 질문도 있습니다. 어떤 대답이든 해답이 될 수 있고, 아이들의 대답을 파고 들어가서 새로운 수다 주제로 넘어갈 수 있는 질문이 바로 그것입니다. 이를 '확산적 질문' 혹은 '개방형 질문'이라고 합니다. 정답이 없는 질문을 하기 어려워하는 분들이 많은데요. 사실 아주 간단합니다.

"너희들이라면 어떻게 했을까?"라고 묻는 겁니다. 만약에 네가 주인공의 입장이었다면, 너는 어떤 선택을 할 것이냐는 물음은 아이들에게 많은 생각을 요구합니다. 책에 깊숙이 빠지게 하는 마법의 질문이지요. 황선미 작가의 《어느 날 구두에게 생긴 일》을 읽고 '온 가족 책 읽기'를 했을 때였습니다. 이 작품은 아이들 사이의 따돌림 문제를 사실적으로 묘사한 작품입니다. 이 책의 주인공은 자신의 마음과는 반대로 어쩔 수 없이 따돌림에 가담하여 친구의 구두 한 짝을 몰래 버립니다.

엄마 1 : 여러분, 이 장면을 읽고 어땠나요?

아이 1 : 말도 안 된다고 생각했어요. 화가 날 정도예요!

엄마 2 : 구두 한 짝을 버릴 생각을 하다니 좀 놀라웠어요.

엄마 1 : 주인공은 정말 명인이 구두를 버릴 생각이 있었던 걸까요?

아이 2 : 아니죠. 진심은 그게 아니죠. 반장 때문에 억지로, 어쩔 수 없이….

엄마 2 : 여러분이라면 어떻게 했을 것 같나요? 내가 그 장면에 들어가 있다고 상상해 보고, 어떻게 행동했을지 한번 이야기를 나눠 봐요.

(잠시 후)

아이 1: 아아, 좀 어려웠어요. 저라면 선생님께 바로 말했을 것 같아요.

아이 2: 그런데 선생님께 이른 걸 들키면 나도 당할 수 있잖아.

아이 1: 그래도 나는 일단 어른한테 말할래.

아이 2: 저는 솔직히 말하면 같이 싸울 것 같아요. 너희 대체 왜 그러냐고 막 따질 것 같아요.

엄마들: 와! 완전 멋있다! 완전 용기가 필요한 일이잖아요. 그건!

엄마 1: 지윤이 의견도 현명해요. 일단 어른들한테 어떻게든 알린다는 것!

엄마 2: 엄마도 어릴 적에 비슷한 일을 겪은 적이 있어요.

아이들: 오, 진짜요? 궁금해요!

이것 보세요. 이런 식으로 정답이 없는 확산적 질문 하나로 시작해서 물 흐르듯 대화가 진행되지요. 이런 게 바로 '책 수다'입니다.

확산적 질문을 가능하게 하는 질문 형식 하나도 소개할게요. 바로 "너도 그런 적 있니?"입니다. 아이들의 경험을 끄집어내는 거죠. 그런데 말입니다. 이 질문을 하면 아이들이 곧장 이렇게 대답하기도 해요.

"없어요. 그런 적!"

생각해 보지도 않고, 대충 지난 과거를 되짚어 보니 그런 경험을 한 기억이 없는 느낌이 들었나 봅니다. 또 행복하고 즐거웠던 경험의 경우 아이들이 웬만하면 대답하려고 애쓰는데, 창피하고 슬프고 속상한 경험의 경우 자기는 그런 경험이 없다고 손사래를 치기도 해요. 아이들이 망설이지 않고 "없다."라고 대답한다면 이렇게 추가 질문을 해 보세요. "그럼 그런 일을 본 적은 있을 것 같은데?"라고요.

김선정 작가의 《우리 반 채무 관계》라는 책에는 친구에게 돈을 빌려주는 에피소드가 등장하는데요. 친구에게 돈을 빌리거나 돈을 빌려주었던 경험을 솔직하게 말하면 꾸중을 들을 수도 있어서 그런지, 아이들은 그런 적이 없다고 하더라고요.

엄마 1 : 여러분은 그런 경험이 있나요?

아이 1 : 저는 없어요. 정말 없어요. 엄마도 알잖아요. 내가 학교에 절대로 돈 안 가지고 가는 거!

엄마 2 : 돈을 안 가져가니까, 빌린 경험이 있을지도 모르잖아요.

아이 1 : 아녜요. 절대 없어요. 진심!

엄마 1 : 그렇다면 여러분, 그런 일을 목격한 적은 있나요?

아이들 : 그건 많죠! 내가 먼저 말할래!

책의 장면을 깊이 파고드는 질문

어린이책마다 그 책을 대표하는 결정적인 장면이 있습니다. 저는 '온 가족 책 읽기'를 진행할 때, 한 책당 한 장면 정도는 깊게 파고들어 이야기를 나누곤 해요. 이 부분이 어린이책 독서 모임의 정수라고 할 수 있습니다. 성인 독서 모임을 할 때, 흔히 '발제'라는 표현을 쓰는데요. 어린이와의 독서 모임도 그 부분에 해당합니다.

발제를 준비하는 일은 생각보다 시간과 품이 많이 듭니다. 일단 책 속에 등장하는 여러 장면 중, 어떤 장면을 선택할 건지를 정해야 합니다. 그리고 그 장면 안에서 어떤 주제를 가지고 조금 더 파고들 것인가를 생각해 봐야 합니다.

저는 시사적으로 쟁점이 되는 내용이 등장하는 장면을 선택하는 편입니다. 또 세계적으로 떠오르는 키워드가 등장하는 장면도 놓치지 않으려고 합니다. 예를 들어, 기후 협약, 아동 인권, 동물권, 반려동물, 환경 보호, 공정 무역, 저작권, 인공 지능, 난민 문제, 전쟁 등과 같은 키워드를 떠올릴 수 있겠죠.

이런 키워드에 대한 추가 자료도 제공하면 좋습니다. 왜냐하면 책 속 장면에 관한 대화를 더욱 풍성하게 나눌 수 있도록 도와주기 때문이지요. 신문 기사나 관련 도서를 함께 보여주거나, 유튜브 영상들, 뉴스 동영상을 함께 보는 것도 좋습니다. 준비하는 데 시간과 노력이 소비되지만, 준비한 만큼 아이들과 엄마들의 시사 상식이 깊어진다는 최고의 선물을 누릴 수 있게 해 주죠.

소감을 물어보는 질문으로 독서 모임 마무리하기

독서 모임을 마무리할 때는 항상 서로의 소감을 묻습니다. 오늘의 '온 가족 책 읽기'를 끝맺음하는 소중한 질문입니다. 이렇게 서로의 소감을 나누는 건 다음 회차의 독서 모임을 준비하기 위해서도 필요합니다. 행복하고 즐거운 기억으로 이번 모임을 마무리 지어야 다음 회차의 독서 모임도 기다려지는 법이니까요.

엄마 1 : 자, 이제 이번 달 독서 모임을 마무리하면서 각자 소감을 나눠 보기로 해요.

엄마 2 : 오늘 나눔, 어땠어요?

아이 1 : 엄마가 먼저 이야기하면 안 될까요?

엄마 1 : 저는요, 우리 아이들 마음이 많이 자랐다고 생각했어요. 어려운 책이었는데도 끝까지 읽어 내려는 노력도 너무 기특했고요. 생각과 느낌을 나눌 때 진지한 모습도 정말 감동적이었어요.

엄마 2 : 책도 너무 좋았어요. 이 책을 우리 딸들과 나눌 수 있어서 감사했어요.

아이 1 : 솔직히 처음에는 표지가 제 스타일이 아니어서 좀 읽기 싫었거든요. 그런데 읽다 보니까 은근히 재미있더라고요. 그리고 오늘 이야기를 나누니까 더 재미있었어요.

아이 2 : 저도 이 책의 내용은 절대 못 잊을 것 같아요. 어렵긴 했지만, 이제는 완전히 이해되었어요. 재미있었습니다!

이렇게 이번 장을 마무리해 봅니다. 여러분에게도 묻고 싶어요. 여기까지 들어 보니 어떠셨어요? 저는 여러분께 제 마음과 생각이 사뿐히 내려앉길 바라는 마음으로 마무리합니다. 책으로 하나 되는 짜릿한 느낌을 여러분과 나누고 싶다고 생각하면서요. 그럼, 다음 장에서 만나도록 해요!

좋은 질문 만들기는 쉽지 않은 일이다

지난 장에서는 '좋은 질문 준비하기'에 대한 말씀을 드렸었지요. 최대한 쉽게 질문을 만드는 방법을 소개해 드렸는데, 어쩌면 더욱 어렵다는 느낌을 받으셨을지도 모르겠어요. 왜냐하면 책마다 등장인물, 시대적 배경, 갈등 상황이 다르니 독서 모임을 할 때마다 질문을 새로이 만들어야 하니까요. 또 책마다 추가로 이야기 나누고 싶은 주제가 갑자기 떠오를 때도 있는데, 이런 경우에는 추가 자료도 준비해야 독서 모임이 원활하게 진행되겠지요. 그러니 사전에 질문을 만들고 자료를 준비하는 일은 마냥 쉬운 일이 아니긴 합니다. 고백하건대 사실 저도 독서 모임 초반에는 그저 막연하기만 했습니다. 아이들과 함께 책도 읽었고 줄거리도 간추려 봤지만, '독서 나눔'이라고 하는 건 더 깊게 파고드는 무언가가 있어야 했어요.

성인 독서 모임과는 달라요

사실 성인 독서 모임에서는 질문과 답변을 주고받는 일이 물 흐르듯 자연스럽고 쉽습니다. 일단, 그 책에 관해서 이야기를 나누고 싶은 자유 의지를 가진 사람들끼리 '스스로' 모였으니까요. 억지로 독서 모임에 끌려온 사람이 아니라면 독서 모임에 참석할 때 이미 모두 이야깃거리를 한껏 장전해 옵니다.

누군가가 먼저 시작의 문을 열면, 그때부터 봇물 터지게 대화가 진행됩니다. 이야기를 나누면 나눌수록 서로의 지식과 견해가 더해져 독서 모임의 결과물이 엄청나게 커지죠. 시간 가는 줄도 모르고 서로의 이야기를 나누게 됩니다. 어떤 날은 딱히 결론 없이 끝나는 독서 모임도 있어요. 하지만 결론이 나지 않으면 결론이 없는 그대로, 우리의 책 나눔은 의미가 있죠. 집으로 돌아가는 길, 나만의 생각에 빠져 봅니다. 그것마저 즐거워요. 그런 날의 독서 모임은 그 여운이 유독 깁니다.

그런데 이것을 아이들을 데리고 자유롭게, 그리고 자연스럽게 이끄는 일은 녹록지 않았어요. 아이들은 독서 모임이 거의 처음인 데다, 이야기할 수 있는 내용의 범위를 정하는 데 어려움을 겪었습니다. '온 가족 책 읽기'를 시작하고자 마음먹었던 시기에 아이가 초등학교 3학년이었기에, 독서 모임을 경험해 본 적이 없어서 더욱 막막하기도 했습니다.

결국, 아이들의 흥미를 돋울 수 있는 자료가 있어야 한다는 생각에 이르렀어요. 다행히 제게는 초등학교 교사로서 초등 아이들을 위한 학습지를 수도 없이 많이 만들어 본 다년간의 경험치가 있었습니다. 그래서 제가 직접 만들어 보기로 했습니다. 학습지를 만드는 거라면 누구보다 잘할 수 있어요! 참고로 이렇게 만들어진 워크북은 제 카페에서 공유하고 있습니다.

어린이 독서 모임을 위한 워크북 만들기 준비 과정

그럼에도 어린이 독서 모임을 위한 워크북을 만드는 일은 생각보다 시간과 노력이 필요했습니다. 억지스러운 독후 활동에 그치면 안 되니까요. 아이들의 말하기를 자극할 수 있는 유의미한 질문을 만들어야 했습니다. 내용을 확인하는 단순 단답형 질문이 완전히 필요 없는 건 아니었지만, 그 비중이 크지 않아야 했습니다. 대신 아이들의 열린 생각을 자극하는 개방형 질문을 적재적소에 배치해야 했어요. 그렇다고 모든 질문을 개방형 질문으로만 구성하는 것도 곤란했습니다. 십 수년간 교실에서 아이들을 가르쳐 본 경험에 비추어 보면, 아이들은 과한 양의 '정답 없는 질문'에 많은 피로감을 느꼈습니다. 수렴형 질문과 개방형 질문 사이의 적당한 배분이 필요했습니다.

일단 워크북을 만드는 제가 책을 네다섯 번은 읽어야 했습니다. 책을 완전히 내 것으로 만들지 않고는 워크북을 짜임새 있게 만들기 어려웠어요. 그래서 저는 책을 여러 번 읽은 뒤, 만 하루 정도는 어떤 내용과 질문을 어느 위치에 넣을까 구상하는 데 시간을 할애했습니다. 또 개방형 질문을 넣을 때는 아이들이 스스로 브레인스토밍할 수 있도록 도움이 될 만한 책 이외의 참고 자료를 다양한 방식으로 제공했습니다. 아이들은 책 한 권을 정독했을 뿐인데, 여러 권의 책을 읽은 것 같은 효과를 가져갈 수 있도록 풍부한 참고 자료를 넣은 것이죠. 이런저런 자료 찾는 데 필요한 시간이 또 하루 남짓입니다.

워크북을 만드는 데에만 일주일이 필요한, 꽤 귀찮고 번거로운 작업임에도 이 작업을 누가 시키지 않아도 스스로 열심히 한 데에는 이유가 있습니다. 바로 '재미'였어요. 재미가 있으니 신나는 마음으로 즐겁게 준비했습니다. 우리 아이들과 책으로 이야기하는 시간이 기다려졌죠. 공들여 만든 워크북은 확실히 아이들의 반응이 남달랐습니다. 이번 달의 워크북은 어떻게 만들어졌을지 궁금해하면서 '온 가족 책 읽기'를 기다리는 아이들 덕분에 재미있게 작업했던 거죠.

또 매달 만드는 워크북을 통해 아이들 앞에서 꾸준한 성실함을 몸소 보여 줄 수 있어서 좋았습니다. 하나씩 쌓여 가는 워크북을 볼 때마다 뿌듯함은 두 배로 쌓였죠. 저는 기록을 사랑하는 사람인데 기록이 추억이 되고, 추억은 마일리지처럼 쌓여 아이들의 독서력을 향상해 주었어요. 힘들었지만 계속할 수 있었던 이유였습니다.

모든 워크북의 시작은 비슷한 구성으로

책의 스타일에 따라 워크북의 방향도 당연히 달라졌습니다. 하지만 공통으로 '작가 소개'는 모든 워크북 초반부에 삽입했습니다. 책을 지은 사람에 대해 알아보는 일은 책과 친해지는 가장 좋은 방법이니까요. 작가가 이 책을 쓰기까지 어떤 과정을 거쳐 왔으며 이 책을 어떤 마음가짐으로, 누구를 위해 썼는지를 이해하면 책이 너무 맛있게 읽힙니다.

또한 간추린 줄거리도 모든 워크북에 공통으로 넣었습니다. 다만 아이들이 참여할 수 있도록 빈칸을 만들어 책을 읽은 어린이라면 누구나 쉽게 답을 구할 수 있게 구성했습니다. 책의 줄거리를 완전히 이해하고 있어야 그중에서 내가 다른 사람들과 깊게 이야기할 콘텐츠를 꺼낼 수 있습니다. 앞에서 소개한 것처럼 책을 읽는 과정에서 줄거리 요약을 했다면 이 부분은 너무나 쉽게 느끼겠지요.

여기까지는 모든 워크북이 비슷합니다. 그렇지만 다음부터는 책의 스타일에 따라 달라집니다. 어린이책은 '인물' 중심으로 전개가 되는 책이 있고, '사건' 중심으로 전개가 되는 책이 있거든요. 물론 '인물'과 '사건', 이 두 가지가 함께 중심이 되어 이야기가 전개되는 책도 있지만, 어린이책은 '인물' 중심으로 정리하느냐, '사건' 중심으로 정리하느냐에 따라서 줄거리를 정리하는 방식이 달라지고 독서 모임의 방향도 달라집니다.

인물 중심으로 진행되는 책

일단 인물 중심으로 진행되는 책은 '등장인물 관계도'를 넣었습니다. 인물 관계가 복잡한 책일수록 그 관계를 하나씩 차근차근 풀어서 정리하다 보면, 책의 줄거리가 저절로 정리되니까요. 이 관계도를 그리는 과정 없이 머릿속에 곧바로 인물 사이의 관계를 떠올리는 일은 어렵습니다. 특히 낯선 이름이 등장하는 번역서일수록 더욱 그렇지요. 이름조차 잘 안 외워지고 입에 안 붙는데, 인물과 인물 사이의 관계까지 곧바로 떠올리기는 쉽지 않죠.

나는 등장인물 중 누구와 가장 닮았는지, 내 주변 사람 중에서 등장인물들과 닮은 사람으로 누가 떠오르는지 묻는 코너도 넣었습니다. 가장 마음에 드는 등장인물이 누구인지를 묻는 말은 초등학생 독후 활동에 빠지지 않는 질문인데요. 등장인물에 대한 정확한 이해 없이, 또 상황에 대한 공감 없이 그 질문에 대해 답하는 것은 겉핥기식 독후 활동에 불과합니다. 각 인물의 성격을 엿볼 수 있는 장면 탐구, 각 인물의 속마음이 드러나는 부분을 탐구해 보는 과정이 반드시 선행되어야 하고, 그런 구성으로 워크북을 만들었습니다.

어떤 책은 실제 현존 인물을 떠올리게 하는 등장인물도 있었어요. 예를 들어《무기 팔지 마세요!》의 등장인물인 미국에 사는 '제니'는 학교에서 총기를 판매하는 걸 금지하자는 내용의 발표를 합니다. 제니의 발표는 여기서 끝나지 않았어요. 토크쇼까지 출연해서 자신의 이야기를 주장하죠. 이런 제니의 모습은 스웨덴의 환경 운동가 '그레타 툰베리'를 떠올리게 합니다.《무기 팔지 마세요!》워크북에 '그레타 툰베리' 이야기를 삽입했는데, 아이들의 눈이 동그래졌어요. '제니 같은 아이가 정말 있잖아?', '소설 속 주인공 같은 사람이 정말 있잖아?'라고 말이죠.

사건 중심으로 진행되는 책

반면에 사건 중심으로 진행되는 책은 워크북을 사건 발생 순서대로 배치했습니다. 특히 사건의 원인과 결과에 대한 예상과 추리는 필수 코너로 배치했습니다. 때로는 사건에 대해 찬반 의견을 토론식으로 나눠 보기도 했는데, 이 코너는 아이들이 유독 집중력을 보이며 즐겁게 참여했습니다. 아무래도 책을 읽다 보면 나의 의견이 조금 더 기우는 쪽이 생기게 마련이죠. 그편에 서서 인물의 말과 행동을 대변하는 활동은 아이들이 독서 모임을 할 때 아주 참여도가 높았던 코너였답니다.

이렇게 사건 중심으로 이야기를 나누다 보면 자연스럽게 '비판적으로 말하기'가 가능해지지요. 아이들은 워크북을 통해 그 사건이 누구에 의해 주동이 되었으며 왜 일어났고, 그 결과로 어떤 다른 일들이 일어나게 되었는지를 분석합니다. 사건에 대해 분석하고 나면 최종적으로 그 사건에 대한 나 자신의 가치 판단을 모두 앞에서 세울 수 있게 됩니다. 물론 처음에는 아이들의 말하기가 내용의 뼈대도 엉성하고, 근거도 미약하죠. 단순히 한 인물을 '편드는' 느낌으로 무작정 그 사람을 옹호하기도 합니다. 그렇지만 독서 모임의 회차를 거듭하면 거듭할수록 아이들의 비판적 말하기에 점차 힘이 붙는 것을 느낄 수 있어요.

사건이 시사성을 가지고 있다면, 관련 자료도 추가로 제시해 주는 게 좋습니다. 예를 들어 《늑대를 지키는 밤》에서 늑대를 안락사시키는 것에 관해 이야기 나눌 때는 '동물의 안락사'에 대한 시사 자료도 함께 찾아서 제시해 주었죠. 사람을 해친 전력이 있는 사고견의 안락사에 대해 알아보고, 이에 대한 자신의 견해도 정리해 보는 경험을 제공했습니다.

독서 모임을 하지 않았다면, 평소 아이와 함께 이야기 나누기 어려운 주제였습니다. '온 가족 책 읽기'는 다양한 주제로 아이들과 대화를 나눌 수 있는 대나무 숲과 같았어요.

워크북의 마무리

제대로 된 독서 모임의 끝은 다음 독서를 기대하게 만드는 힘을 일으킵니다. 그래서 독서 모임에서 다루었던 책을 읽고 난 뒤, 그 책에 이어서 읽기 좋은 추천 책들, 일명 '릴레이 책'도 워크북에 실었습니다. 다음 책을 연이어 읽는 것만큼 '적극적인 독서가'의 자세는 없죠. 우리가 나눈 책의 여운을 그대로 살려 읽었을 때 감동과 재미가 배가 되는 책과 영화를 소개해 주고, 더러는 독서 모임에서 제가 직접 보여 주며 낭독했습니다. 우리 아이들의 문화적 소양까지 확장해 줄 수 있는 절호의 기회였지요. 아이들이 책을 낭독해 주는 어른의 목소리에 귀 기울일 때, 아주 어릴 적 아이를 무릎에 앉히고 보드 북을 읽어 주던 기억이 나서 어찌나 행복했는지 몰라요.

워크북에 넣지 않는 것들

그렇지만 제가 워크북에 넣지 않는 것들도 꽤 많습니다. '책 표지 그대로 그리기', '나만의 책 표지 꾸미기', '나만의 띠지 만들기', '책갈피 만들기', '마음에 드는 장면 그리기' 등은 독서 모임 워크북에 될 수 있으면 넣지 않았습니다. 물론 그 책이 너무 좋아서 책 표지를 그대로 그려 보는 일을 아이들이 하지 못하도록 절대 억지로 막지는 않습니다. 그렇지만 그 활동을 독서 모임의 워크북에 필수로 넣지는 않습니다. '미술'과 '독서'의 융합이 자칫 어설픈 독후 활동에 그칠 수 있기 때문입니다. 또 그림을 잘 그리는 것이 독후 활동을 잘했다는 증빙이 될 수는 없기 때문이죠. 그림 그리기에 영 소질이 없는 아이들에게 책 표지 그리기는 가혹한 독후 활동입니다. 책을 잘 이해하는 것과 책 표지를 그럴듯하게 잘 그려내는 것은 직접적인 관계가 없습니다. 성인 중에서도 책을 읽고 책 표지를 그린다거나, 나만의 책 표지를 다시 만들어 보는 등의 방법으로 독후 활동을 하는 분들이 물론 있긴 합니다. 그런데 그분들은 원래부터 그림 그리기에 관심이 있는 소수입니다. 책의 내용을 이해하는 것과 큰 상관이 없는 억지스러운 독후 활동은 과감히 싣지 않았습니다.

이렇게 공들여 워크북을 만들고 나니 꽤 든든한 마음이 들었습니다. 아이들과 어떤 순서로 독서 모임을 이끌어 나갈지 길잡이가 생긴 느낌이었어요. 허허벌판에 그냥 서 있다가 누군가 공들여 만든 지도를 얻은 느낌이랄까요?

여러분께도 제가 만든 워크북을 제공하겠습니다. 그대로 사용하셔도 되고, 일부만 사용하셔도 됩니다. 또 워크북의 여러 예시를 보시고, 직접 만들어 사용하셔도 됩니다. 직접 만드신 워크북은 우리 카페에도 공유해 주세요. 우리 같이 공유해요. 좋은 건 함께 나눠요!

워크북 활용 시 유의 사항

마지막으로 이 워크북을 활용하게 될 여러분께 드리고 싶은 말이 있습니다. 워크북에 실려 있는 모든 코너를 아이들과 함께하는 독서 모임, 혹은 교실 수업에서 100퍼센트 다루지 않아도 된다는 것인데요. 성실한 아이들이 보이는 특징 중의 하나가 뭔지 아세요? 바로 모든 페이지의 모든 곳에 빈칸을 허용하지 않는다는 겁니다. 모든 질문을 다 읽어야 하고, 모든 질문에 답을 빼곡히 적으려고 해요. 그렇지만 '온 가족 책 읽기'에서는 모두 꼭 채워야 하는 건 아닙니다. 어떤 코너는 내가 할 말을 간략하게 '키워드'만 메모하는 것도 좋아요. 어떤 코너는 아예 메모도 생략하고, 나의 말하기로만 대신해도 됩니다. 대화에 필요한 브레인스토밍을 위한 낙서를 남겨 놓아도 좋아요.

물론 필요하다면 어떤 코너는 정제된 글로 표현해 볼 수도 있겠죠. 그렇지만 모든 코너를 이렇게 할 필요는 없답니다. 만약 그렇게 하려고 한다면, 아이들의 연필 잡은 손이 너무 힘들어서 독서 모임, 동화 수업 자체에 지쳐 버릴 거예요.

특히 당부드리고 싶은 건 아이들 혼자 워크북을 채우게 두지 말라는 조언입니다. 워크북을 아이들 혼자 채우고, 부모님은 그것을 잘 채웠는지 확인하는 것은 독서 모임이나 독서 수업을 하지 않는 편이 더 낫다고 말씀드리고 싶을 만큼 삼가시길 부탁드립니다. 제가 만든 워크북은 이야기를 좀 더 수월하게 나누기 위한, 아이들의 말하기를 좀 더 쉽게 이끌기 위한 길잡이일 뿐이지 국어 문제집이나 독해 문제집이 아니니까요.

우리의 목표는 책을 읽고 이야기를 나누는 것이지, 한 권의 워크북을 완성도 있게 채우는 것에 있지 않습니다. 그래서 저는 오히려 워크북에는 이런 저런 이야기 나눔의 흔적이 다소 지저분하게 남아 있어야 한다고 생각합니다. 나의 이야기도 워크북에 담아야겠지만, 같은 질문에 대한 다른 사람의 다른 의견도 귀 기울여 듣고, 포용해야 하기 때문입니다. 이런저런 교감의 흔적이 워크북에 고스란히 남으려면, 워크북은 완벽히 채우지 않아도 됩니다. 워크북은 그저 거들 뿐이니까요.

엘리베이터 피치를 아시나요?

　조금 엉뚱한 가정으로 이야기를 시작해 보려고 합니다. 당신이 사과를 파는 사과 장수라고 가정해 봅시다. 이제 딱 마지막 한 상자만 팔면 퇴근할 수 있는 상황입니다. 마침, 아이 둘을 데리고 아이 엄마가 엘리베이터를 탑니다. 당신은 아이 엄마를 설득해 그녀에게 사과를 팔아야겠다는 결심을 하게 됩니다. 그래서 아이 엄마를 따라 엘리베이터에 탑승합니다. 아이 엄마는 아파트의 맨 위층인 30층 버튼을 눌렀습니다. 자, 엘리베이터가 1층을 출발해서 30층에 도착할 때까지 여러분은 아이 엄마의 구매욕을 최고로 끌어올려야 합니다. 어떤 말을 어떻게 해야 할까요? 어떤 말로 당신의 사과를 자랑하시겠어요?

　엘리베이터 피치Elevator Pitch는 승강기를 타고 오르내리는 짧은 시간 동안 투자자에게 어떤 제품이나 서비스, 사업을 소개하는 간략한 연설을 말합니다. 이는 승강기를 타고 내리는 약 30초에서 1분 이내에 투자자의 마음을 빠르게 설득할 수 있어야 한다는 의미를 담고 있기도 해요. '로켓 피치'라는 말로 바꿔 말하기도 합니다. 제품에 대해 아는 것이 차고 넘쳐도, 정작 그 시간 안에 적당히 담아서 말할 수 없으면 실패하겠죠. 반대로 말은 참 재미있게 하는데, 정작 제품에 대한 핵심 알맹이가 빠져 있으면 뜬구름만 잡다가 시간이 모두 가 버릴 겁니다. 결국 시간 안에 내 이야기를 상대방의 마음에 닿게 말할 수 있는 능력이 있어야 합니다. 이제 눈치를 좀 채셨을까요? 이번 장의 주제는 바로 '말하기'입니다. 독서 모임의 가장 중요한 활동이지요.

말하기가 중요한 세상

> 인간의 삶은 타인과의 상호작용으로 규정되며 이런 상호작용은 주로 말을 통해 확립된다. - 장 폴 사르트르

우리 아이들이 훗날 어떤 직업을 가지고 인생을 살아가게 될지는 아무도 모르지만, 이건 확실해요. 우리 아이들은 '말하면서' 살 것입니다. 물론 말이 필요 없는 직업이 더 많아질지도 몰라요. 사람이 말하지 않아도 유능한 인공지능을 가진 로봇이 알아서 그 자리를 채워 줄 수도 있습니다.

로봇의 말하기는 정확합니다. 로봇은 언제나 오차 없는 정답만을 말합니다. 인터넷상에 있는 수많은 정보 중에서 내가 필요한 정보를 재빨리 수렴하고 이를 정리해서 브리핑해 줄 수 있습니다. 로봇은 사람처럼 힘들지도, 권태

로움을 느끼지도 않으니 사람보다 고효율을 자랑하겠죠. 결국 인간의 말하기는 더 이상 불필요한 것처럼 느껴질지도 몰라요.

그런데, 그렇기 때문에, 역설적으로, 앞으로의 세상에서는 '말하기'에 유능한 사람이 손꼽히는 인재로 떠오르게 될 것입니다. 인간의 말하기가 인공지능 로봇과 대결할 필요가 없는 직업은 희귀해질 것이기 때문입니다. 희소성을 가진 직업이 미래 사회에서 중요한 가치를 띠게 되는 건 당연한 일이겠죠?

그렇다면 로봇과 대결할 필요가 없는 직업, 그 직업은 무엇일까요? 인간의 손길이 직접 닿아야 하는 일, 인간의 목소리가 직접 들려야 하는 일일 겁니다. 한마디로 인간 대 인간이 마음으로 만나는 일이겠죠. 그때 필요한 게 바로 인간의 '말하기'입니다. 늘 정해져 있는 답을 반복해서 들려주는 로봇의 말하기가 아닌, 창의적이고 확산적인 인간의 말하기가 필요한 거죠.

안전한 말하기의 중요성

'말하기'는 인간만이 가지는 고유의 의사소통 방법입니다. 우리는 입으로만 말하지 않죠. 말할 때 입이 꼭 필요한 건 맞지만, 다른 나머지 것들도 우리의 말하기를 돕습니다. 손짓을 사용하기도 하고, 눈으로 표정을 짓기도 해요. 우리는 시각과 청각을 두루 만족시켜 주는 스토리텔러에게 매력을 느낍니다.

교실에서의 아이들도 똑같습니다. 아이들은 험상궂은 표정을 싫어합니다. 때에 맞지 않게 너무 큰 목소리에는 매력을 못 느껴요. 싱그러운 미소와 적당한 크기의 목소리로 전달하는 아름다운 내용의 말에 매력을 느낍니다.

왜냐하면 그러한 말하기는 자연스러운 편안함을 가져다주고, 무엇보다 그 사람을 '안전한' 사람이라고 느끼게 해요. 안전한 사람은 본능적으로 믿을 만합니다. 신뢰감이 가지요. 누구에게나 신뢰감을 주는 안전한 아이들은 교실 안에서도 인기가 많습니다.

독서 모임의 말하기 - 이해도를 넓힌다

결국 '안전한 말하기'가 신뢰를 사고, 그 신뢰가 있어야 '엘리베이터 피치'도 가능해집니다. 나만의 콘텐츠를 다른 사람에게 어필하려면 편안함을 가져다줄 수 있는 말하기 능력이 필수이죠. 그런데 문제는 이런 능력은 하루 이틀 연습해서 속성으로 얻을 수 있는 능력이 아니라는 점이죠. 선행 학습으로 다져서 얻을 수 있는 능력도 아닙니다.

제가 '온 가족 책 읽기'를 하면서 크게 얻은 소득 중 하나는 아이들과 평소 나누던 대화 패턴에서 벗어난 말하기를 할 수 있었다는 점입니다. 일상에서 아이와 나누는 대화의 패턴은 대부분 정해져 있죠. "숙제 다 했니?", "손 씻고 밥 먹으렴.", "일찍 서둘러서 늦지 않게 하자."라는 식의 명령식 발문에 "네. 아니요."의 단답식 답변이 많아요. 기껏해야 "오늘 학교에선 어땠어?"라는 안부를 묻는 발문이 가능하죠(저만 그런 것 아니죠).

그런데 책을 읽고 나누는 대화는 이런 자질구레한 우리의 현실을 잠시 덮을 수 있게 했어요. 책 속으로 빠져드는 순간, 현실 속 아이와의 미묘한 감정 대립을 잠시 접어둘 수 있었습니다. 특히 생각의 경계를 넓히는 데 도움을 많이 받았습니다. 아이는 아이의 시각에서만 했던 생각을 엄마의 시각에서 바라보는 안목을 키울 수 있었어요. 저도 제가 가진 생각과 가치관에서 바라보던 세상을, 아이의 프레임에 맞춰 바라볼 수 있게 되었죠.

서로를 이해하는 폭이 넓어졌다는 느낌을 많이 받았습니다. 물론 매달 독서 모임을 한다고 해서 아이의 마음을 100퍼센트 안다고는 단언할 수 없지만, 독서 모임이 아니었다면 몰랐을 아이의 속마음도 알게 되었죠. 세상에나, 저는 전혀 기억하지 못하는 제 말과 행동을 딸아이는 기억하고 마음에 담아두고 있었다는 걸 '온 가족 책 읽기'를 통해 알아차리곤 어찌나 놀랐던지요.

이건 아이들도 마찬가지였습니다. 아이들도 어른의 속마음을 '온 가족 책 읽기'를 통해 느끼곤 했대요. 엄마가 나의 어떤 모습을 고마워하고 있었다는 것도 알게 되고, 엄마가 기억 못 하리라 생각했던 것을 기억하는 걸 보며 사뭇 놀라기도 했다고 해요.

'온 가족 책 읽기'를 하면서 좋았던 건 내가 내 아이의 숨은 진심을 엿볼 수 있다는 점이었어요. 나도 내 아이에게 내 마음속 숨은 진심을 들려줄 수도 있었고요.

독서 모임의 말하기 – 표정이 있는 말하기

그러면서 우리는 '답'이 없는 말하기에 즐거움을 느끼기 시작했습니다. 여기저기 흩어져 있는 정보의 조각들을 수렴해서 그대로 복사하고 붙여 넣어 말하는 것을 넘어서 거기에 내 생각을 덧붙여 확산하는 말하기를 할 수 있었거든요. 확산적 말하기는 "네, 아니요."의 단답식 답변에서 끝나 버리는 말하기를 "그런데 말이죠.", "제 생각은요.", "저도 비슷한 경험을 한 적이 있어요!", "저라면 이렇게 안 할 건데요?", "저는 좀 생각이 달라요!"라는 식의 다채로운 말하기로 가능하게 했습니다.

그 순간 저는 아이들의 눈을 볼 수 있었습니다. 무언가를 말하는 눈을요. 정해진 답을 뻐꾸기처럼 뱉어내는 눈이 아닌 수줍지만 자신의 이야기를 조심스레 시작해 보는 아이의 눈을 볼 수 있었어요. 인간의 얼굴은 보고, 냄새 맡고, 맛보고, 듣는 '감각 기관'의 역할도 하지만, 그 이상의 역할도 함께 합니다. 바로 표정을 짓는 일입니다. 인간은 표정으로 자신의 감정을 표현하여 이를 전달합니다. 우리 아이들도 입으로만 말하고 있지 않았어요. 온 얼굴을 통해 말하고 있었습니다. 그 얼굴을 마주하는 건 한 달에 한 번, 바로 이 시간에만 느낄 수 있는 아이들과의 굉장히 신선한 경험이었습니다.

아이가 아주 어렸던 시절, 어떤 말도 할 줄 몰랐던 갓난아이는 말 대신 온 얼굴로 자신의 감정을 표현했어요. 모든 엄마가 그렇듯, 저도 아기의 '쌩긋' 짓는 웃음에는 제가 줄 수 있는 최고의 애정을 가득 모아 아이의 볼에 힘찬 뽀뽀를 해 주곤 했었어요. 아기의 '응애' 하는 간절한 울음에는 따뜻한 내 품을 내주어 내가 아이를 위로해 주고 있다는 것을 알려 주었습니다. 이렇게 제가 주었던 사랑이 아기의 어딘가에 쌓였고, 그렇게 쌓인 사랑이 아기를 어린이로 만들어 주었다고 생각해요. 바로 그 사랑이 유치원에서 힘들고 고단했던 일들도 이겨내는 힘을 주었다고 믿습니다. 잠이 쏟아져 짜증이 나는 순간에도 머리칼을 쓸어 넘겨주는 손짓에 위로받아 스르르 눈 감는 힘을 주었다고 확신해요. 사랑은 휘발되어 사라지는 것 같아도 멀리 가지 않고 마음에 켜켜이 쌓인다고 생각합니다.

아이들과의 책 나눔도 마찬가지입니다. 지금 서로의 표정을 읽는 우리의 책 나눔이 훗날 아이들에게 찾아올 고단한 일상에 큰 힘이 되리라는 소망과 믿음을 품어 봅니다. 아이와의 밝은 눈 맞춤, 쩡끗하는 콧잔등, 생기 돋는 얼굴빛을 헤아리는 엄마가 되어 보려고 부단히 노력해 보는 거죠. 이 또한 휘발되어 사라지는 것 같아도, 멀리 가지 않고 아이의 어딘가에 켜켜이 쌓일 수 있게 말입니다.

독서 모임의 말하기 - 생각을 밖으로 꺼내는 말하기

아이들은 책을 읽고 많은 생각을 합니다. 자신이 겪었던 경험과 책 속 주인공이 겪는 일을 연관 짓기도 합니다. 도대체 주인공의 행동이 이해가 안 된다며 책을 읽다가 답답함을 토로하기도 하죠. '나라면 어떻게 했을까?' 하고 가상의 상황을 마음속에 상상할 수도 있을 겁니다. 내가 주인공이 되어 보는 경험도 할 수 있죠. 또 아름다운 문장에 매료되어 그 문장에만 하염없이 눈길을 줄 수도 있습니다. 이렇게 아이들은 책을 읽으며 자신만의 생각 왕국을 세워 가죠. 나만의 생각이 자꾸 쌓이다 보면 그것은 곧 나만의 콘텐츠가 될 것이고, 그 콘텐츠가 아이의 인생에 있어 듬직한 주춧돌이 되겠죠.

우리가 독서 모임을 하는 중요한 목표 중의 하나는 아이들의 생각을 바깥으로 꺼내는 데 있습니다. 아이들의 생각을 아이 마음에만 머무르게 하지 않고, 흐르는 물처럼 밖으로 흘려보내는 연습을 하는 것이죠. 처음에는 마냥 어설프고 풋내 가득한 아이들의 생각 말하기에 불과하겠지만, 알알이 야무지게 가득히 익는 알곡들처럼 함께 자랄 수 있게 우리가 조력자가 되어 주는 겁니다. 그 과정에 엄마인 내가 함께할 수 있다는 건, '함께 책 읽는 엄마'만이 누릴 수 있는 특권이라는 걸 제가 꼭 전달하고 싶습니다.

아이들이 즉흥적으로 내뱉는 말에는 깊이가 느껴지지 않을 수도 있어요. 평소 자신이 가지고 있는 생각과는 전혀 반대로 이야기하기도 해서 여러분을 당황하게 할 수도 있어요. 당장 눈에 보이지 않는 결과에 답답할 수도 있답니다. 그런데 우리는 서로가 점점 밀도 있는 독서를 하고 있음을 느끼게 될 거예요. 자신의 감상을 나름의 문장으로, 자신의 의견을 나름의 근거로 피력하는 아이의 눈부신 성장을 조금씩 느낄 수 있을 거예요.

사회자의 역할

게스트의 입을 여닫는 키맨, 진행자

'온 가족 책 읽기'는 일방적으로 어른이 아이들에게 시키는 학습지와 같은 과제가 아닙니다. 과제를 내주는 건 오히려 쉬울 수 있어요. "문제집 13쪽까지 풀자! 모르는 문제는 엄마한테 물어봐. 엄마가 도와줄게!" 이렇게 말하기만 하면 되잖아요. 그런데 '온 가족 책 읽기'는 아이들의 '말하기'를 이끌어 내야 해요. 아이들이 독서 모임 내내 입을 닫아 버리면? 네! 제대로 독서 모임을 추진할 수가 없겠죠. 그래서 아이들의 입을 자연스럽게 열 수 있어야 해요. 그런데 우리는 아이들과 함께 생각을 나누고 교환하며 정리하는 일에는 능숙하지 않아요.

여러분, tvN 〈유 퀴즈 온 더 블럭〉이라는 프로그램 아시죠? 큰 자기 유재석 씨와 작은 자기 조세호 씨가 화제의 인물을 초대해 인터뷰하는 프로그램이죠. 프로그램 속에서 가끔 유재석 씨는 조세호 씨의 맥 끊기는 진행을 지적합니다. 그도 그럴 것이 초대받은 출연자가 조세호 씨의 질문에 종종 당황하는 모습이 연출되거든요. 진행자의 역할은 꽤 중요합니다. 상대방의 입을 열게 할 수도, 또 갑자기 닫아 버리게 할 수도 있어요.

마찬가지로 '온 가족 책 읽기'에서도 진행자가 필요합니다. 물론 진행자 없이 서로 적당한 안배가 이루어져 자연스럽게 흐르듯 진행되는 때도 있지만, 어린이와 함께하는 독서 모임은 리더가 필요해요. 그래서 워크북이 준비되어 있다고 해도 사실 많은 분이 여전히 막막하다고 느끼실 겁니다. '내가 그 역할을 잘할 수 있을까?' 하는 고민이 들 수밖에요.

이번 장에서는 여러분께 독서 모임의 진행자 역할에 관한 이야기를 들려드리려고 합니다.

첫 번째 미션, 참가 동의 받기

일단, '온 가족 책 읽기'는 그 처음 시작부터가 마냥 어색합니다. 아이들의 참가 동의가 필요해요. 어른은 독서 모임을 하고자 하는 의지가 넘쳐도, 정작 아이들에게는 참가 의사가 없을 수도 있습니다. 어쩌면 아이들은 책을 읽고 이야기를 나누는 걸 '선생님'과만 해야 하는 것으로 생각하고 있을 수도 있어요. 독서 모임을 해 보자고 아이에게 제안했을 때 아이가 눈을 동그랗게 뜨고 물어볼 수도 있어요. "왜요?", "이걸 왜 하는 건데요?"라고요. 아이와의 책 모임은 그저 환상에 불과한 건가, 시작하기 전부터 욱하는 마음이 밀려올 수도 있습니다. 저는 이렇게 시작했습니다.

"한 달에 한 권씩 책을 읽고 이야기를 나누려고 해."

"그게 뭔데?"

"책 모임 같은 건데…. 엄마도 아직 이름을 정하지는 못했어."

"무슨 책을 읽을 건데? 어려운 책? 어려운 책은 싫은데…."

"처음 읽을 책은 엄마가 미리 정했어. 《푸른 사자 와니니》야. 엄마가 먼저 읽어 봤는데 엄청 재미있어서 지윤이랑 꼭 이야기 나누고 싶었어. 분명 지윤이도 좋아할 거야. 자신 있어!"

"엄마, 그런데 이거 왜 하는 건데?"

"우리가 인생을 살면서 책을 많이 읽게 되겠지? 그런데 한 달에 한 권쯤은 우리가 같이 읽는 거야. 그럼, 나중에 그 책을 만나면 엄마랑 이야기 나눴던 것들이 막 생각나겠지? 일기처럼 말이야. 일기장도 일기 쓸 땐 귀찮아도 나중에 다시 보면 그날이 생각나잖아."

"근데 어려울 것 같아."

"아냐, 아냐. 어려운 건 엄마도 싫어. 엄마도 무슨 이야기를 어떻게 나누게 될지는 잘 모르겠어. 일단 재미있게 해 보자. 일단 한번 해 보자. 해 보지도 않고 어려울 것 같다고 말하지 말고, 우리 한번 해 보고 나서 이야기해 보자. 뭐든지 시작이 중요하잖아. 엄마가 최선을 다해서 열심히 도와줄게."

어린이 중에는 저희 아이처럼 은근히 '시작'을 두려워하는 아이들이 많습니다. 게다가 경험해 본 적 없는 일을 할 때, 내가 그것을 능히 해낼 수 있는 능력치를 가늠할 수가 없을 때 더욱 그렇습니다. 그런데 해 보지도 않고 어려울 것 같다고 이야기하는 건 어디까지나 아이들의 추측일 뿐이죠. 시작을 어려워하는 아이들은 그 시작을 우리가 함께해 주면 됩니다. 아이들에게 넌 할 수 있고, 할 수 있도록 내가 지지해 주겠다는 신뢰를 담뿍 주면 됩니다.

아이에게 독서 모임에 대해 알렸다면, 모임의 날짜를 정합니다. 날짜는 여유 있게 정하는 게 좋습니다. 저희는 한 달 후의 날짜를 미리 정해서 서로의 다이어리에 적어 놓고 그달의 책을 읽으면서 그날을 기다렸습니다.

두 번째 미션, 독서 모임 실전

정해 놓은 독서 모임 날짜가 다가올수록 여전히 막막할 수도 있습니다. 워크북이 준비되어 있다고 해도 긴장될 수 있어요. 어른이 아이들과 함께 서로 격식을 갖춰 지적인 대화를 나누는 게 처음에는 너무나 어색한 일이거든요. 맞습니다. 일단 아이들도 어른들도 서로 격식을 갖춰야 해요. 아이들을 독서 모임의 참여자로 인정하고 존중해야 합니다. '온 가족 책 읽기'는 어른이 아이들에게 모르는 분야를 알려 주고, 생각을 주입하는 시간이 아니니까요. 아이들이 스스로 의견을 생성해서 말했을 때, 우리도 함께 생각을 추가하는 말하기를 해야 합니다. 주고받는 말하기가 처음부터 잘 될 리 없어요. 당연히 어색하고 삐걱댑니다.

그래서 어린이 독서 모임에서 사회자의 역할은 참 중요합니다. 성인 독서 모임의 경우, 진행하는 누군가가 딱히 없어도 자연스럽게 독서 모임의 기승전결을 유지할 수 있지만, 어린이 독서 모임은 독서 모임 전반을 이끌 사회자가 필요합니다. 그리고 그 사회자는 전체적인 차례를 미리 알고 있어야 합니다. 저의 경우에는 직접 워크북을 만들었기 때문에 그 역할을 자연스럽게 제가 맡을 수 있었습니다. 제가 제공하는 워크북을 활용하실 여러분께서는 워크북을 미리 훑어보며 전반적인 흐름을 숙지하시면 되겠죠.

"자! 지금부터 5월의 독서 모임을 시작하도록 할게요. 이번 달 독서 모임 책은《마당을 나온 암탉》이었습니다. 이번 달 책 어땠어요? 독서 모임을 시작하기 전에 우리 간략히 이 책을 읽은 소감을 말해 볼까요?"

'온 가족 책 읽기'를 진행할 때는 높임말을 사용하는 것이 좋습니다. 평소에 자녀에게 존댓말을 쓰는 부모님은 아마 많지 않으실 겁니다. 그렇지만 '온 가족 책 읽기'에서는 격식을 차린다는 의미로 높임말을 씁니다. 서로를 어엿한 '참석자'로 인정해 준다는 뜻이죠.

사회자는 전반적인 진행도 맡아야 하지만, 잘 들어 주는 역할도 해야 합니다. 듣는 사람이 있어야 말하는 사람도 존재할 수 있지요. 아이들이 말하고자 하는 의지를 보일 때, 적극적으로 들어 주어야 합니다. 눈을 마주쳐 주고, 아이들이 무슨 말을 할지 너무 궁금하다는 태도를 보여 줘야 합니다. 그런데 아이들은 대개 많은 부분을 생략하며 말하는 경향이 있어서, 어른이 듣기에 주제가 엉성하고 근거도 흐릿합니다. 어린이가 무슨 말을 하는 건지 도무지 이해가 안 되고, 답답할 때도 많아요. 그래도 "아니 그게 무슨 말이야. 다시 말해 봐."라고 심문하듯 반응하지 않아야 합니다. 마음껏 말할 수 있는 분위기를 조성해야 해요. 많이 말해 봐야 말솜씨도 좋아집니다. 우리가 아이들의 실수를 끌어안아 줄 때, 아이들의 말하기 자신감이 자라나고 능동적인 참여자가 됩니다.

특히 우리 어른들이 자주 범하는 실수 중 하나가, 아이들의 침묵을 참지 못하는 일입니다. 저 또한 이런 실수를 독서 모임 1년 차일 때 많이 범했어요. 《푸른 사자 와니니》로 '온 가족 책 읽기'를 하던 날이었습니다. "와니니는 왜 오빠들을 내쫓은 마디바에게 대들지 못했을까요?"라는 제 물음에 아이가 아무 대답도 하지 못했어요. 아무래도 질문이 너무 어려웠다는 생각이 들어서 "와니니는 오빠들이 내쫓김당해서 마음이 굉장히 불편했어요. 그렇죠? 그렇다면 충분히 마디바에게 가서 오빠들을 보내지 말라고 부탁할 만한데 가만히 있었어요. 왜 그랬을까요?"라고 질문을 좀 더 자세히 풀어서 말해 주었습니다. 여전히 아이들은 이렇다 할 대답을 하지 못하고 있었죠. 더 이상의 침묵을 견디기 어려웠던 저는 아이들에게 말했습니다.

"아마 마디바가 무서웠겠죠. 자기도 오빠들과 같이 내쫓길까 봐 두렵지 않았을까요?"

그러자 아이들이 이렇게 말하는 겁니다.

"아, 저도 그런 비슷한 생각이어서 그렇게 말하려고 했는데, 생각이 정리가 안 됐어요. 좀 기다려주세요. 시간을 많이 주세요."

어린이들은 순발력 있게 대답을 준비하지 못하는 경우가 종종 있습니다. 신중하고 조심성 있는 어린이라면 더욱 조심스럽게 자신의 답변을 준비하기도 하죠. 그렇지 않더라도, 어린이들에겐 생각이 매우 필요한 질문이 더러 있습니다. 그것이 어른에게는 아주 쉽고 평범한 질문이라고 해도 말이죠. 대답을 준비해야 하니 약간의 침묵이 생기게 되는데, 사회자가 이 침묵을 참다못해 먼저 깨는 거죠. 더 나아가 사회자가 아이의 대답을 대신 말해 주기도 합니다. 몇 번 정도는 괜찮지만, 자꾸 이런 상황이 반복되면 아이들은 말할 의지를 잃게 됩니다. 어려운 질문에는 아예 생각하지 않으려고 해요. 어차피 누군가가 대신 말해 줄 테니까요. 잠깐의 침묵을 참고 아이들의 말을 기다려 주어야 합니다. 기다림의 끝이 "뭐라고 말해야 할지 모르겠어요.", "잘 모르겠어요."라는 힘없는 대답이라도 괜찮아요. 아이는 침묵의 시간 동안 어떠한 생각이든 했을 테니까요. "생각을 정리하기에 조금 어려운 질문이긴 했죠? 어떤 생각이라도 괜찮아요. '좋다, 싫다'라는 아주 단순한 생각이어도 상관없어요."라고 북돋워 주면 됩니다.

또 하나 염두에 둬야 할 것은 독서 모임은 경쟁 토론과는 구별되어야 한다는 점입니다. 상대방보다 내가 더 많은 근거를 대어 경쟁에서 이기는 말하기가 필요한 경우도 물론 있지만, 독서 모임은 대개 책과 관련된 자기 경험을 이야기하는 말하기로 이어집니다. 그래서 같은 책을 읽고 그 주제에 관해 이야기를 나누는 일은 즐겁습니다. 아이의 배경지식에 따라서, 아니면 아이의 그날 기분에 따라 같은 책도 다르게 읽힙니다. 분명 모두 같은 책을 읽었는데, 우리의 생김새가 모두 다르듯이 각자 처한 상황에 따라, 또 성격에 따라 다채로운 생각들이 쏟아져 나왔으니까요. 경쟁 토론이라면 상대방보다 내가 더 말을 많이 해야 하므로 발언권을 획득하고자 노력했겠지만, 우리의 독서 모임은 서로의 경험을 들으며 재미를 느낍니다. 듣는 것만으로도 즐거움을 느끼는 거죠.

드라마 〈스카이 캐슬〉 속 독서 모임 '옴파로스'가 불편했던 가장 큰 이유는 진행자가 연장자라는 이유로, 또 더 많이 경험한 사람이라는 이유로 과도하게 아이들을 가르치려 했기 때문이죠. 민주적이고 점잖은 모임인 것처럼 보이지만, 결코 민주적인 이야기 모임이라고 할 수 없습니다. 생각의 길은 단 하나에 있지 않습니다. 아이들은 우리 어른들보다 그 사실을 더 잘 알고 있는 듯합니다. 어쩌면 우리에게 가장 필요한 건 우리를 낮추고 아이들을 높여 주려는 마음가짐이 아닐까요?

Q. 선생님! 선생님 아이들 모임에 저희 아이 좀 끼워 주시면 안 될까요?

A. 조심스럽지만, 그래도 단호하게 말씀드려 봅니다. 네, 안 됩니다! 독서 모임에서 아이가 솔직하고 편안하게 말할 수 있으려면 멤버들과 유대 관계가 형성되어 있어야 해요. 그리고 무엇보다 제가 추구하는 독서 모임은 다른 사람에게 맡기지 않고, 함께 책을 읽고 나누는 것이랍니다. 그러다 보면 엄마도 아이도 함께 성장해 나가는데, 그 모습을 서로가 발견할 수 있는 게 독서 모임의 매력이거든요. 직접 도전해 보세요. 할 수 있어요!

독서 모임은 격식 있게, 그러나 아이답게

공부 잘하는 아이는 다르다?

드디어 여러분의 '온 가족 책 읽기' 시작을 위한 제 이야기가 막바지에 이르렀습니다. 여기까지 읽어 주신 독자 여러분, 감사합니다. 이번 장에서는 마지막으로 여러분에게 전하고 싶은 이야기를 들려 드리도록 할게요.

저는 직업이 초등 교사이고, 여러 권의 책을 쓴 작가이기도 해서 이런저런 자리에서 '교육'에 관한 질문을 많이 받는 편입니다. 특히 학부모님을 대상으로 하는 연수에 가면 많이 받는 질문이 있는데, 바로 이것입니다.

"선생님, 공부 잘하는 아이는 정말 딱 봐도 다르나요?"

여러분도 궁금하십니까? 바로 답변해 드릴게요.

아이의 말과 행실만 보고 그 아이의 공부 실력, 즉 성적을 확언할 수는 없어요. 요즘에는 말과 행실이 그다지 바르지 않은데, 의외로 성적이 잘 나오는 아이들도 많거든요. 그러니 완전히 확언할 수는 없어요. 그런데 말과 행실을 조금 지켜보면 정말이지 딱 봐도 다른 아이들은 있습니다. 남다른 아이들이 눈에 띄어요. 남다르게 보이는 이 아이들에게는 왠지 모르게 믿음이 갑니다. '저 아이는 뭐가 되도 되겠어.'라는 믿음이요. 즉 '저 아이는 반드시 자기 인생을 살겠구나.' 하는 믿음이 생깁니다.

아이들의 어떤 말과 행실이 이런 남다른 믿음을 주는지 궁금하시죠? 바로 '진지함'입니다. 그 아이들에게는 '진지함'이라는 강력한 무기가 있죠. 저는 아이들에게 '진지 열매'라는 표현을 쓰곤 합니다. 예를 들어 "얘들아! 우리 진지 열매 먹고 학습지 제대로 채워 보자!" 뭐 이런 식이죠. 그런데 세상에 요즘에는 '진지'라는 말과 '벌레 충'을 합쳐서 '진지충'이라고 하더군요. 진지한 게 벌레 대접을 받는다니 조금 충격적입니다.

남다른 아이들은 무슨 일을 하든 대단히 진지하게 임해요. 아주 작은 미션 하나도 허투루 여기지 않고 최선을 다합니다. 쉬는 시간에는 친구들과 까불며 장난을 치더라도 어떤 과제를 주면 진지함이라는 버튼을 과감히 눌러요. 그리고 몰입합니다.

물론 이때 교사의 역할이 중요합니다. 교사가 과제를 제시할 때 진지하지 않은 태도로 가볍게 던져 주면, 과제를 받는 아이들은 그 태도의 두 배로 진지함을 잊거든요. 교사가 진지하게 임할 때, 아이들도 진지 열매를 먹어야겠다는 의지가 생기는 거죠. 그래서 저는 단순히 공부나 성적을 위해서가 아니라 자기 인생을 살 수 있도록 아이들이 진지하게 몰입하는 일을 우리 어른들이 도와주어야 한다고 생각해요.

격식을 갖춰야 진지해진다

'온 가족 책 읽기'도 마찬가지입니다. 독서 모임이 일회성의 쇼로 머물지 않고, 꾸준히 지속 가능한 추진력을 얻으려면 그 시작은 반드시 진지해야 합니다. 독서 모임의 준비 단계부터 진지하게 임해야 하는데 이때 중요한 것이 바로 '격식'입니다.

아이들은 학교가 아닌, 본인의 집 혹은 친구네 집이나 카페 등에서 친구를 만난다는 사실 자체를 흥미롭게 받아들일 겁니다. 그래서 자칫하면 친구와 함께 노는 시간으로 독서 모임을 오해할 수도 있어요.

집 청소하기, 간식 준비하기

저희 집에서 '온 가족 책 읽기'를 할 때는 손님 맞을 준비를 합니다. 일단 집을 청소해요. 현관, 거실, 화장실 등 모두가 함께 쓸 수 있는 공간을 깨끗이 정리합니다. 독서 모임을 할 테이블도 예쁘게 정리합니다. 가끔은 예쁜 화병을 전시하기도 하고요. 독서 모임을 하면서 곁들일 간단한 다과도 준비합니다. 하지만 너무 많은 간식은 준비하지 않는 게 좋아요. 아무래도 아이들의 눈코입이 모두 간식을 향하게 될 테니까요. 어른들을 위한 커피, 아이들을 위한 차나 음료, 약간의 스낵이면 충분합니다. 이런 격식을 차리는 사전 준비는 우리 집에 오는 손님을 위한 대접이기도 하지만, 독서 모임을 위한 대접이기도 해요. 독서 모임을 시작하고 나면 진지함의 스위치를 바로 켜서 몰입할 수 있도록 도와주는 격식 차림이지요.

다른 일정은 잡지 않기

그리고 저는 '온 가족 책 읽기'를 하는 날은 웬만하면 다른 일정을 잡지 않습니다. 독서 모임을 그만큼 중요하게 생각한다는 뜻이지요. 평소라면 수학 문제집도 풀어야 하고, 영어 단어도 외워야 하지만, 독서 모임이 있는 날에는 여타의 것들은 과감히 가지치기합니다. 그날은 책에 온전히 마음을 적시는 날이니까요. 또 저희는 한번 독서 모임을 하면 쉬지 않고 한 시간 반에서 두 시간 정도를 진행하기 때문에 다른 일정을 잡는 일이 체력적으로 힘들기도 했어요.

어른이 독서 모임을 가볍게 여기면 아이도 책 읽기에 신중함을 거둬 버립니다. 대강 줄거리만 파악하고 참석하는 일도 생겨요. 독서 모임을 중요한 모임, 조심스러운 모임으로 생각해 주면 아이들에게 그 진지함이 그대로 전달됩니다.

서로를 존중하기

'온 가족 책 읽기'를 진행하는 과정에서도 서로를 존중하는 격식을 반드시 갖춰야 합니다. 이런 모범은 당연히 어른들이 보여 주는 것이 좋겠죠. 어른들끼리 아무리 가까운 사이라고 해도 이 시간만큼은 진지한 태도로 정제된 언어를 사용해서 참여하는 것이 좋습니다. 높임말을 사용하는 게 좋은데, 이것이 어렵다면 높임말과 반말을 적당히 섞어서 자연스러운 분위기를 유도하는 것도 좋아요.

오랜만에 만난 어른들도 반가운 마음에 서로의 안부를 묻는 이야기를 꽤 오래 나누면, 독서 모임을 시작할 때 분위기가 다소 어수선해져요. 그러므로 독서 모임 전에 서로의 안부를 묻는 이야기는 너무 길어지지 않도록 주의해 주세요. 또 독서 모임이 시작되고 나면 책과 관련 없는 다른 이야기는 삼가 주세요. 독서 모임의 흐름이 금방 깨져 버릴 수도 있으니까요.

간단한 보상을 제공해요

한 달이라는 시간 동안 책 한 권을 여러 번 정독하고, 한 시간 반에서 두 시간 동안 한자리에 모여 독서 모임을 해낸 아이들을 위해 작은 선물을 준비하는 것도 좋습니다. 선물은 너무 과하지 않게 제공하고, 평소 아이들에게 필요한 물건이라 사야 했던 게 있으면 독서 모임을 한 이후에 깜짝선물로 제공합니다. 어차피 아이들에게 사 줄 물건이었는데 독서 모임을 기념하며 전달하면 아이들은 더욱 행복해하더라고요. 물론 어른들도 마찬가지이고요.

간단한 보상은 독서 모임을 계속 정진할 수 있게 하는 동력이 되기도 합니다. '온 가족 책 읽기' 모임을 가지기까지 얼마나 힘든 물살을 거슬러야 합니까? 작은 기념 선물이 그 동력이 될 수 있어요.

놀이 시간은 옵션으로

아무래도 아이들이 모이면, 자유롭게 놀고 싶은 본능이 생기겠지요. 당연합니다. 요즘 아이들은 매우 바쁩니다. 학교 다니느라, 학원 다니느라, 과제하느라 은근히 자유롭게 놀 시간이 없어요. 독서 모임을 밀도 있게 진행하고 난 뒤에는 놀이 시간을 조금 허락해도 좋습니다. 물론 독서 모임보다 놀이 시간의 비중이 더 높으면 안 되겠지요. 아이들에게 놀이 시간을 허락한 날에는 엄마들도 밀린 이야기꽃을 피울 수 있으니 그 시간도 참 좋습니다. 놀이 시간이 너무 길어지면 책 나눔의 여운이 금방 사라질지 모르니 정해진 시간만큼 놀다가 헤어지고, 독후감을 쓰는 게 좋아요.

동네 도서관에 독서 동아리 등록하기

제가 처음부터 너무 거창한 목표를 정할 필요는 없다고 말씀드렸었지요. 한 달에 한 번, 딱 다섯 번만 해 보는 것으로 시작해 보시라고 권했었습니다. 그 이후로도 꾸준히 진지한 활동을 계속 이어 나가고 싶다면, 동네 도서관에 '독서 동아리'로 우리의 독서 모임을 등록해 보세요. 독서 동아리로 등록이 되면, 도서관의 독립된 커뮤니티 공간을 사용할 수 있어서 장소 섭외의 부담도 줄어듭니다. 또 그때그때 필요한 책을 바로 가져다가 볼 수 있는 최고의 장점이 있죠. 아무래도 책이 많은 곳에서 독서 모임을 하면 모임 자체에 무게감이 생겨나고 분위기도 보다 잘 잡히는 효과가 있습니다.

Q. 선생님! 선생님 말씀대로 한번 해 봤는데, 아무래도 실패한 것 같아요.

A. 저도 그래요. 매번 성공하지 않습니다. 그런 날에는 아이들에게 말해요. "오늘 독서 모임은 뭔가 우리 모두 집중력이 흩어졌던 것 같아. 그렇지만 얘들아, 알지? 시행착오에서도 배움은 일어난다는 것."이라고요. 별로였던 날에도 배움은 일어납니다. 그리고 심지어 어쩌면 그날 더 많이 배움이 일어났을지도 모를 일입니다. 실패해 봐야 성공할 줄도 아니까요. 그러니 첫발을 뗀 것을 저는 축하드릴래요. 이제 다음 발, 또 다음 발도 떼세요! 화이팅!

Q. 선생님! 저희 독서 모임은 딱히 발전이 없어 보여요.

A. 아무 변화도 없다고 느끼시나요? 아닙니다. 지금, 이 순간에도 아무 일은 벌어지지 않아요. 독서 모임을 한 것과 하지 않은 것은 완전히 다른 격차이고, 발전입니다. 꼭 무언가 눈에 보이는 수치에 집착할 필요가 없어요. 우리는 발전하고 있어요. 그러니 부단히 가세요! 화이팅!

• 2부 •

온 가족
책 읽기의 실제

그림책으로워밍업

양질전화의 법칙 - 충분히 읽어야 한다

부모 교육 현장에서 만나는 많은 학부모님이 제게 질문하시는 것 중 하나가 아이들이 어떻게 하면 책을 좋아하게 만드느냐입니다. 독서 모임을 꾸리고 싶어도 애초에 책을 좋아하지 않는데, 어떻게 책을 매개체로 모임을 만들 수가 있는지 감히 상상할 수도 없다고 고백하세요. 당연합니다. 책이 싫은데, 책으로 모이다니 이보다 더 불편한 모임이 어디 있겠어요?

제가 미취학 어린이들과 1학년, 2학년 친구들에게 독서 모임을 추천하지 않는 이유는 이 시기의 아이들은 책을 손에 쥔 매 순간이 독서 모임의 순간이어야 하기 때문입니다. 굳이 한 달에 한 번, 날짜를 정해서 책을 읽고 후기를 나누는 것이 아니라 책을 손에 쥐게 하는 것 자체가 목표가 되어야 하는 거죠.

어른의 권유 없이도 책을 알아서 손에 잘 쥐는 아이들은 이미 끓는점 100도를 넘어서 보글보글 끓는 물처럼 책과 사랑에 빠진 아이들입니다. 그러니 그 사랑이 김빠져 식지 않도록 주변 어른들이 응원과 격려, 칭찬을 아끼지 마세요.

아직 그 100도의 끓는점을 넘지 못했다면, 양질전화^{量質轉化}의 법칙을 믿으세요. 양적으로 어느 정도 공을 들여서 일정 단계에 도착하면, 양적으로 공 들인 그 노력이 질적인 비약, 발전을 이뤄냅니다. 곧 100도에 닿을 수 있게 주변 어른들이 지속해서 좋은 그림책을 제공해 주어야 합니다.

이번 장에서는 초등학교 1, 2학년 아이들이 읽으며 함께 나눌 수 있는 이야기들을 실었습니다. 3~6학년 아이 중에서도 너무 많은 활자 읽기에 피로감을 느낀다면, 혹은 아직 100도를 넘지 못해 책의 진정한 재미를 느끼지 못했다면 한 번쯤 펼쳐 볼 만합니다. 그림책은 어린아이의 전유물이 아니니까요.

여기에 실린 그림책은 여러 번 읽어도, 읽을 때마다 그 의미가 다르게 다가옵니다. 아이들에게만 읽어 보라고 권하지 마세요. 이 책을 읽고 있는 지금의 여러분에게는 어떻게 다가가는지, 여러분의 마음을 살펴볼 기회도 놓치지 마세요.

이렇게 읽어 주세요

하루에 한 권은 꼭 읽어 줍니다

스스로 충분히 읽을 능력이 있는 아이라도, 하루 한 권의 그림책은 꼭 '함께' 읽도록 합니다. 함께 책을 읽는 시간이 확보되어야 훗날 '온 가족 책 읽기'가 가능합니다. 책을 읽고 이야기를 나눈 날들의 경험이 쌓이면, '온 가족 책 읽기'는 절대 실패할 수가 없습니다. 그림책을 읽고 서로의 이야기를 나누는 일 그 자체가 '온 가족 책 읽기'니까요. 반드시 학습지를 준비하고, 연필을 손에 들 필요는 없어요.

아이가 원하는 방식으로 읽게 하세요

어떤 아이는 소리 내어 읽는 것을 좋아합니다. 그런데 어떤 아이는 눈으로 읽는 것을 좋아해요. 그럴 때는 아이가 편안해하는 방식으로 책을 읽게 두세요. 엎드려 읽든, 누워서 읽든, 간식을 먹으며 읽든, 말하며 읽든, 필기하며 읽든, 아이가 편안해하는 방식의 독서를 권장하세요. 독서할 땐 잔소리하지 마세요. 아이가 그 시간에 흠뻑 젖을 수 있게 그냥 그대로 두세요.

아이의 컨디션에 맞게 질문을 던집니다

어른이나 아이나 뭘 해도 기분 좋게 잘 되는 날이 있고, 뭘 해도 집중이 안 되고 엉성한 날이 있어요. 보통 내 몸의 컨디션이 이것을 결정합니다. 컨디션이 좋지 않은 날에는 아주 쉽고 간단한 질문도 귀찮기만 합니다. 이렇게 아이의 컨디션이 좋지 않을 때는 간단하게 답을 구할 수 있는 질문을 던지는 게 좋겠죠? 아니면 아이에게 반대로 물어봐 달라고 하는 것도 좋아요. 물론 어른의 눈높이에서는 아이가 던지는 질문이 쉽게 느껴질 텐데요. 가끔은 일부러 엉뚱하게 틀린 답변을 말해 보세요. 그럼 아이가 황당해하며 말문을 틀 수도 있답니다. 매 순간 너무 완벽한 어른의 모습을 보여 줄 필요는 없어요.

이번 장에서는 1, 2학년 어린이들과 함께 읽고 이야기 나누기에 좋은 그림책 서른 권을 소개합니다. 그러면서 아이와 이야기 나눌 수 있는 질문거리들도 함께 제시해 보려고 합니다. 1, 2학년뿐만 아니라 예비 초등 어린이들, 그리고 3~6학년 어린이들에게도 여전히 유효한 이야깃거리라는 점도 함께 알려 드려요!

	책 제목	키워드	독후 질문
1	달에 간 나팔꽃	노력 집중 최선	- 나팔꽃의 소원은 무엇이었지? - 낮에 달을 본 적이 있니? - 나팔꽃처럼 요즘 네가 최선을 다하고 있는 건 뭐야?
2	완벽한 아이 팔아요	어린이 가족 인권	- 아이들이 유리장 안에 진열되어 있는데 어떤 생각이 들어? - 뒤프레 부부가 바티스트를 산 이유는 뭐였을까? - 바티스트의 기분은 어땠을까? - 뒤프레 부부에게 한마디 해 주자!
3	가을에게, 봄에게	계절 편지	- 가을과 봄, 둘 중에서 누가 먼저 편지를 썼지? - 가을이랑 봄은 서로 절대 만날 수가 없잖아. 너도 직접 만날 수는 없지만 꼭 편지를 써 보고 싶은 사람이 있어?
4	두더지의 소원	소원 친구 겨울	- 두더지와 친구를 버스에 태워 준 동물 기사님이 누구였더라? - 제일 좋았던 장면이 뭐였어? - 두더지가 빌었던 소원은 뭐였을까? - 그 소원은 이루어졌을까?
5	배고픈 거미	욕심 친구 정직	- 거미줄에 걸렸던 동물들이 누구였는지 기억나? - 마지막에 걸린 동물은 거미가 살려 주지 않았잖아. 그 이유가 뭐라고 생각해? - 너도 그런 적 있어?
6	늑대가 들려주는 아기돼지 삼형제 이야기	거짓말 솔직 반전	- 이 이야기가 《아기돼지 삼형제》랑 다른 점이 뭘까? - 만약 너에게 늑대가 찾아와서 설탕을 달라고 한다면, 너는 어떻게 할 거야?
7	어둠을 금지한 임금님	권위 어둠 소문	- 임금님이 어둠을 금지한 이유는 뭐지? - 권위를 이용해서 어떤 것을 금지하거나, 강제로 시키는 것에 대해서 어떻게 생각해?

8	너에게만 알려 줄게	행복 사랑 상상 어린이	- 주인공 아이가 행복한 비결은 뭘까? - 이 책에는 행복한 아이가 되는 비결이 마흔여덟 개 나 나와 있잖아. 이 중에서 네가 이미 실천하고 있는 건 뭔지 딱 세 개만 뽑아 볼까?
9	청소부 토끼	성실 인내 자연 보호	- 청소부 토끼가 달에 가겠다는 꿈을 끝까지 포기하 지 않은 이유는 뭐라고 생각해? - 그런데 달빛이 자꾸 어두워졌지. 왜 그랬던 걸까? - 제일 인상 깊었던 문장, 하나씩 뽑아 볼까?
10	애너벨과 신기한 털실	재주	- 애너벨이 엄청나게 많은 돈과도 털실을 바꾸지 않 은 이유가 뭐라고 생각해? - 너에게도 만약에 신기한 털실이 생긴다면 어떻게 할 거야?
11	꽃에서 나온 코끼리	교감 공감	- 꽃끼리가 만약에 말할 수 있다면 한별이에게 뭐라 고 말했을까? - 이 책에는 살금살금처럼 흉내 내는 말이 나오는데 한 번 찾아볼까?
12	슈퍼 거북	경쟁 보람	- 슈퍼 거북이가 토끼를 이기기 위해 했던 일은 뭐지? - 그런 거북이를 보면서 너는 어떤 생각을 했어? - 너는 느리게 사는 거북이가 좋아, 아니면 빠르게 사 는 거북이가 좋아?
13	무지개 물고기	협동 공동체	- 무지개 물고기라는 이름이 붙여진 이유가 뭐지? - 무지개 물고기는 욕심이 많았잖아. 욕심이 많은 주 인공이 나오는 동화 기억나는 거 있니?
14	곰씨의 의자	존중	- 곰씨가 의자에 혼자 앉아서 하고 싶었던 일들이 무엇 무엇이었지? - 곰씨는 토끼들에게 뭐라고 말하고 싶었을까? - 그런데 왜 곰씨는 말하지 못했다고 생각해?
15	코끼리 아저씨와 100개의 물방울	부모 사랑 헌신	- 코끼리 아저씨가 백 개의 물방울을 모은 이유는 뭘까? - 뚜띠 아저씨에게 하고 싶은 말은 뭐야?
16	검은 강아지	유기견 동물 보호 생명 존중	- 검은 강아지가 같은 곳을 계속 지키는 이유는 뭐라 고 생각해? - 검은 강아지의 마음은 어떨까?
17	야구장 가는 날	야구 가족	- 그린이가 야구를 가르쳐달라고 했을 때 아빠 기분 은 어땠을까? - 응원하는 팀이 경기에서 졌는데도 아빠는 행복하다 고 했는데, 그 이유는 뭐라고 생각해?
18	하늘을 나는 사자	노력 편안함	- 고양이를 위해 사냥을 해주던 사자는 왜 울었을까? - 사자는 나중에 무엇이 되었지?

19	물방울 콘테스트	진심 헌신	- 콘테스트에 나왔던 물방울들은 무엇무엇이었지? - 너는 그 후보 중에서 어떤 물방울을 여왕으로 뽑고 싶어?
20	까만 코다	가족 사랑	- 사냥꾼 보바는 왜 북극곰의 까만 코만 찾았던 걸까? - 엄마 곰이 아가 곰을 살리기 위해 한 일은 뭐였지? - 그리고 아기 곰은 엄마 곰을 위해 어떻게 했지? - 그 장면을 보면서 어땠어?
21	짧은 귀 토끼	고민 콤플렉스 자신감	- 동동이의 고민은 무엇이었지? - 동동이가 머리에 붙인 건 뭐였지? - 동동이에게 어떤 응원을 해 줄 수 있을까?
22	수박이 먹고 싶으면	자연 기다림	- 제일 마음에 들었던 장면은 뭐였어? - 왜 그 장면을 뽑았어?
23	감기 걸린 물고기	소문 진실 가짜 뉴스	- 아귀는 빨간 물고기를 잡아먹기 위해 어떤 소문을 냈지? - 만약에 누군가 나에 대해 거짓 소문을 퍼뜨렸다면 어떨 것 같아?
24	뭔가 특별한 아저씨	기부 봉사	- 다정 아저씨를 보고 사람들이 수군거린 이유는 뭐 였지? - 다정 아저씨를 위해 네가 해줄 수 있는 말은 뭘까?
25	고함쟁이 엄마	엄마 사랑 용서	- 엄마 펭귄이 소리를 지르니까 아기 펭귄 몸이 여기 저기로 흩어지잖아. 왜 그런 걸까? - 너도 그런 기분 느껴본 적 있어?
26	까불지 마!	용기 자신감	- 주인공 아이가 점점 씩씩해질 수 있었던 비결은 무 슨 말이었지? - 너는 그 말을 누구에게 해주고 싶어?
27	진정한 챔피언	정체성 자신감 용기	- 압틴이 다른 식구들과 달랐던 점을 모두 말해 볼까? - 압틴이 식구들을 행복하게 해주기 위해 했던 일은 뭐였지?
28	소가 된 게으름뱅이	근면 성실	- '게으르다'는 말의 뜻은 뭘까? - 반대말은 뭘까? - 게으른 사람이 되지 않기 위해 내가 할 수 있는 일은 뭘까?
29	가만히 들어주었어	위로 공감	- 테일러를 위로해 준 동물들을 생각나는 대로 말해 볼까? - 그 동물 중에서 제일 테일러의 마음을 잘 헤아려 준 동물은 누구였지?
30	말들이 사는 나라	고운 말	- '착한말'들에는 무엇무엇이 있었지? - '나쁜말' 삼총사는? - 너는 이 책을 읽고 무엇을 배웠어?

인물 중심의 책을 읽어 봅시다

'온 가족 책 읽기'를 시작하는 초등학교 3학년이 있다면 주목해 주세요. 초등학교 3학년에 독서 모임을 시작하기로 마음먹으셨으면 1, 2학년 때 그림책을 다독했던 경험을 살려 아동 문고로 진입할 수 있는 절호의 기회랍니다. 그 절호의 기회를 꼭 놓치지 않겠다고 다짐하신 여러분들, 모두 응원해요!

그런데 아동 문고로의 진입은 그림책만 즐겨 읽던 아이들의 시각에서는 꽤 높은 장벽임이 틀림없어요. 그림책은 지면에 글보다 그림이 많아서 시각적으로 여유를 가져다주었어요. 책장을 펼치는 것에 큰 노력이 요구되지는 않았습니다. 독서가 부담스럽지 않았어요. 그런데 문고는 다릅니다. 문고는 지면에 그림보다 글이 더 많습니다. 아무래도 시각적으로 부담스러울 수밖에 없어요. 그림은 읽어 내려는 노력이 없어도 자연스럽게 내 마음에 스며들지만, 글자는 읽어 내려는 노력을 기울여야 해요. 편한 것을 추구하는 우리의 뇌를 자기 스스로 역동적으로 움직이게끔 만들어야 하니, 무엇보다도 아이의 의지가 필요합니다. 따라서 아이의 의지를 계속 북돋아 주고, 칭찬해 주어야 합니다. '읽는 인간'으로 자라나는 우리 아이의 모습이 무척 대견하지 않나요?

인물이 탄탄한 책을 읽어야 한다

초등학교 3학년의 독서 모임의 책으로는 '인물 중심'으로 진행되는 책이 좋습니다. 이 시기의 아이들은 자기중심적인 사고에서 벗어나 타인의 삶을 바라보기 시작합니다. 그래서 책 속 '주인공'에게 몰입합니다. 주인공의 삶의 궤적을 따라가 보고 싶어 해요. 때로는 주인공의 팬이 되기도 합니다. 그래서 3학년 때는 등장인물이 탄탄한 책을 읽는 게 좋아요. 또한 인물의 성격이 일관성 있게 제시되는 책이 좋습니다. 독서 모임으로 만나는 책 속 등장인물 중에서 아이들은 존경하는 인물을 만날 수도 있고, 응원하는 인물을 만날 수도 있어요. 이러한 인물들이 직접적, 간접적으로 아이의 성장에 도움을 줍니다.

독서 모임의 진행은 이렇게

'온 가족 책 읽기'의 진행은 다음의 다섯 가지 정도의 단계를 거치면 좋습니다.

줄거리 탐색
문고로 진입하는 첫 단계인 만큼 아직 책을 끝까지 읽어 내는 집중력이 부족할 수 있습니다. 그림 없이 글로만 이루어진 책을 끝까지 읽어 내기 위해서는 집중력도 필요하지만, 동시에 내용을 정확히 이해하는 능력도 필요한데요. 그래서 저는 책의 장별로 줄거리 요약을 할 수 있게 요약본을 제공했습니다. 이 장별 줄거리 요약본에는 중요한 키워드가 '빈칸'으로 처리되어 있어서 아이들이 하나의 장을 읽고 난 뒤에는 반드시 이 빈칸을 채우고 다음 장으로 넘어가게끔 구성했습니다. 답을 모르겠거든 그 장을 다시 읽어야겠죠. 어쨌든 스스로 할 수 있기만 하면 됩니다. 이처럼 줄거리를 정리하면서 독서 모임을 시작하는 것이 좋은데, 이때 많이 사용하는 방법이 바로 '릴레이로 줄거리 말하기'입니다. 처음에는 몰라도 꾸준히 계속하다 보면, 점차 줄거리를 이어서 말하는 아이의 능력이 자라나는 것을 느낄 수 있습니다.

어휘 점검

어휘 점검도 빠지지 않습니다. 이를 위해 아이들이 책을 읽으면서 어렵게 느꼈던 어휘에 동그라미를 쳐 놓는 작업이 필요합니다. 이때 어휘의 개수를 대략 아홉 개, 열여섯 개로 추린다면 낱말 빙고를 할 수 있습니다. 먼저 아홉 개 어휘의 뜻을 파악한 뒤, 아홉 개 낱말로 빙고 게임을 하는 건데요. 아주 간단한 놀이인데도 아이들은 매우 즐거워한답니다.

등장인물 분석

인물 중심의 책이기 때문에 등장인물의 성격을 파악하는 것을 절대 빠트리면 안 됩니다. 등장인물의 성격은 책 속에서 드러나는 등장인물의 말과 행동을 통해 파악할 수 있는데요. 어떤 성격이라고 생각하는지, 책의 어떤 부분에서 그렇게 느꼈는지 아이와 함께 이야기해 보세요.

생각 나누기

책마다 아이와 이야기 나눌 수 있는 보석 같은 장면들이 많이 있습니다. 어떤 책은 그런 장면들이 너무 많아서 시간 가는 줄 모르고 이야기를 나누게 되는데요. 제가 제공하는 워크북을 통해 아이와 다양한 생각을 나눠 보세요.

소감 말하기

오늘 '온 가족 책 읽기'를 함께한 소감을 말하며 독서 모임을 마무리합니다. 오늘 이 모임을 통해 어떤 것을 얻을 수 있었는지, 책을 읽고 이야기를 나누는 과정이 힘들진 않았는지 서로의 소감을 나눠 보세요.

[1] – 《푸른 사자 와니니》

글쓴이	이현
그린이	오윤화
펴낸 곳	창비
출간연도	2015년
키워드	#동물 #우정 #리더십 #함께 #아프리카초원

2019년 6월, 드디어 첫 발걸음을 내딛는 도전이 시작되었습니다. 그때만 해도 독서 모임을 통해 우리가 이렇게 많은 책을 나누고 성장하게 될 줄 몰랐었어요. 당시 초등학교 3학년이던 아이들은 이제 막 줄글로 된 책을 읽기 시작하는 단계였습니다. 《푸른 사자 와니니》는 워낙 흥미진진한 내용과 깊은 감동으로 유명한 책이어서 아동 문학을 처음 시작하는 우리 아이들에게 안성맞춤이었죠!

책의 상세 줄거리 짚고 넘어가기

한 암사자 무리가 있었습니다. 그들 우두머리의 이름은 '마디바'였죠. '와니니'는 마디바 무리에 속해 있었는데, 또래보다 덩치도 작고 힘도 약했어요.

한편 와니니에게는 '말라이카'라는 언니가 있었는데, 말라이카는 어른들의 칭찬을 한 몸에 받는 암사자였어요. 건기가 찾아오며 사냥감이 없어지자 마디바는 쓸모없는 사자를 내쫓으려 합니다. 귀가 밝은 와니니는 마디바가 와니니를 '쓸모없는 사자'라고 말하는 것을 엿듣게 되죠.

그런데 그날 밤, 와니니는 수사자 두 마리가 침입하는 소리를 듣습니다. 와니니는 말라이카에게 이 소식을 알리지만 말라이카는 믿어주질 않아요. 결국 말라이카는 수사자가 맞는지 확인하러 갔다가 크게 다칩니다. 그리고 와니니는 무리에서 추방당하는 벌을 받지요. 무리에서 쫓겨난 와니니는 '잠보'와 '아산테'라는 수사자를 만납니다. 이들 셋은 약했지만 서로 힘을 합쳐 다녔습니다. 그리고 얼마 뒤, 말라이카를 만납니다. 말라이카도 마디바에게 내쫓김을 당한 것이었죠. 와니니는 마디바를 만나 마디바를 똑바로 바라보며 초원 어디에도 쓸모없는 존재는 없다고 당당히 말합니다. 그리고 작고 약해서 쓸모없는 존재라고 불렸던 와니니가 새로운 초원의 왕이 됩니다.

> **Tip** 초등학교 3학년 어린이는 줄글 책을 끝까지 읽는 집중력이 부족할 수 있습니다. 긴 글 책을 끝까지 읽기 위해서는 집중력도 필요하지만, 내용을 정확히 파악하는 이해력도 필요합니다. 이 책은 총 열일곱 개의 장으로 구성되어 있는데요. 저는 장마다 줄거리 요약본을 제공했습니다. 줄거리 요약본에는 중요한 키워드가 '빈칸'으로 처리되어 있어서, 아이들이 하나의 장을 읽고 난 뒤에는 반드시 이 빈칸을 채우고 다음 장으로 넘어가게끔 구성했습니다. 답을 모르겠거든 그 장을 다시 읽어야겠죠. 어쨌든 스스로 할 수 있기만 하면 됩니다.

어려운 어휘 내 것으로 만들기

초등학교 3학년 어린이가 도전하는 첫 장편 아동 문학이기 때문에 어려운 어휘가 종종 등장합니다. 그래서 책을 읽는 도중에 이해가 안 되는 낱말이 등장하면 언제든 질문하라며 허용적인 태도를 보여 주었습니다. 그리고 당장 질문하기 어려운 상황이라면 책에 동그라미를 치거나 스티커를 붙여서 나름대로 표시해 두라고 했습니다. 그리고 어려운 어휘를 열 개 정도 모아 두었다가 독서 모임 때 비교해 보기로 했어요. 서로 겹치는 어휘도 있고, 그렇지 않은 어휘도 있겠죠? 아이들은 서로가 선택한 어휘를 비교해 볼 기회를 얻게 되죠. '지레', '포효', '배은망덕'이라는 낱말은 아이들이 공통으로 선택한 어휘였습니다. '배은망덕'이라는 어휘를 참 많이 쓰는데, 아이들이 그 말을 모르고 있어서 놀랐어요.

> **Tip** 아이들이 각자 열 개씩 어려운 낱말을 모아 왔고, 그중 겹치는 몇 개의 낱말을 제외하니 총 열여섯 개의 낱말로 간추려졌어요. 이 열여섯 개의 낱말로 4×4 낱말 빙고를 하게 해 주었습니다. 아이들이 낱말 빙고에 열중하는 동안 어른들은 흐뭇하게 바라보며 기다려 주었죠. 별것 아닌 활동인데 그토록 집중하는 걸 보면, 빙고는 어린이 취향 저격 게임인가 봐요.

등장인물 비교하기

이 책은 등장인물의 성격이 명확히 대비되는 특징이 있는 책입니다. 그러므로 이 책은 캐릭터를 확실히 짚고 넘어가야 합니다. 캐릭터에 대한 정확한 이해가 곧 전체 맥락을 파악하는 베이스가 되거든요. 마디바와 와니니, 모두 아프리카 초원의 왕이었습니다. 마디바는 용맹하고 냉철합니다. 사사로운 감정에 휘말리지 않죠. 철저히 능력만을 중시해서 쓸모가 없다고 판단되는 낙오자들은 과감히 내칩니다. 덕분에 아프리카 초원의 최고 리더라는 수식어를 얻죠. 그에 비해 와니니는 온화한 지도력을 가지고 있는 리더였어요. 모든 존재를 존중합니다. 비록 그 능력이 부족할지언정 끝까지 함께합니다. 이렇게 참 다른 두 리더, 마디바와 와니니에 대해 이야기 나눠 보세요.

> (Tip) '오각 능력 그래프'를 활용했어요. 오각 능력 그래프는 '방사형 그래프'의 일종인데, 오각형의 각 꼭짓점에 점을 찍어 선과 면으로 표현하는 그래프를 말해요. 선과 면으로 표현되니, 확실히 인물 간의 차이를 알아보기 편하죠. 오각형의 각 꼭짓점에는 '따뜻함, 리더십, 전투력, 배려심, 용맹함'을 넣었는데요. 아이가 마디바에게 '따뜻함' 덕목을 0점, 와니니에게 6점 만점을 주었길래 그 이유에 관해 이야기 나누는 시간을 가져 보았습니다.

실제 대화 엿듣기

어른 : 우리가 아프리카 초원에 사는 사자라는 상상을 한번 해 봅시다. 마디바, 와니니! 둘 중 한 무리로 들어가야만 하는 상황이라면 어떤 선택을 할까요?

아이 : 저라면 와니니한테 갈래요.

어른 : 마디바도 나름 훌륭한 리더 아닌가요?

아이 : 음, 마디바 무리에 들어가면 싸움을 아주 잘하는 대장이 있으니 믿음직스럽긴 할 것 같아요. 그래도 저는 와니니 무리로 갈래요. 기쁨이나 슬픔 같은 걸 알아주는 대장이 저는 더 좋을 것 같아요. 엄마는 마디바한테 가고 싶어요?

어른 : 꼭 그런 건 아니지만, 마디바를 더 좋아하는 사람들도 충분히 있을 수 있겠다는 생각이 들어요. 엄마도 와니니 쪽이긴 하지만, 그래도 마디바에게 사랑과 칭찬을 충분히 받을 만한 능력이 되는 사람들은 당연히 마디바를 선택하지 않을까요? 와니니는 약한데 마디바는 강하니까, 강한 리더 옆에 있으면서 사랑받고 싶은 사람이 있을 수도 있잖아요.

생각을 키우는 이야기 나누기

이 책은 동물의 세계를 그린 책이지만, 사실은 우리 인간들이 곰곰이 생각해 볼 만한 장면들이 아주 많아요. 그래서 발제할 거리도 넘쳐나죠. 저는 아이들과 독서 모임을 준비하면서 총 여덟 개의 질문을 미리 만들어 워크북에 실어 놓았어요. 그리고 아이들의 컨디션에 따라, 독서 모임의 분위기에 따라서 적당히 몇 개의 질문만 뽑아서 이야기를 나눌 계획이었답니다. 그런데 아이들의 말하기가 봇물 터지듯 멈추질 않았고, 결국 준비했던 여덟 개의 이야기를 모두 나눌 수 있었어요. 여러분도 상황에 따라 적당히 가감하셔서 이야기를 나누면 됩니다. 여덟 개의 생각을 키우는 질문을 공개합니다.

생각을 키우는 질문 ①

이 책의 14쪽에는 동물들의 사냥 세계에 대해 나와 있습니다. 생존하기 위해 한 사냥에 대해서는 죄를 묻지 않는 것이 초원의 법이라고 합니다. 사자들이 어린 버펄로를 공격해서 먹이로 삼아도, 버펄로는 절대 사자에게 복수하지 않는 거죠. 여러분은 이것에 대해 어떻게 생각하나요?

생각을 키우는 질문 ②

이 책의 15쪽에는 누가 낳았는지 아무 상관도 하지 않고 무리의 아기 사자들을 모든 암사자가 함께 키우는 장면이 나와요. 만약 사람들도 이렇게 하면 어떨까요?

생각을 키우는 질문 ③

이 책의 47쪽에서 와니니는 무리에 침입한 수사자 두 마리를 가장 먼저 발견하고 마디바에게 알릴지, 도망치게 해 줄지 고민합니다. 만약 여러분이 와니니라면 어떻게 했을까요?

생각을 키우는 질문 ④

이 책의 53~55쪽 장면은 정말 흥미롭습니다. 침입자가 있다는 와니니의 말을 듣고 도망간 수사자들을 쫓아간 말라이카가 심한 상처를 입은 채 발견되었거든요. 그러자 우두머리 마디바는 다친 말라이카를 보고 화가 나서 와니니를 내쫓습니다. 말라이카가 상처를 입은 게 와니니의 잘못인가요? 와니니의 잘못이라면 어떤 벌을 받는 게 적당할까요?

생각을 키우는 질문⑤

이 책의 92쪽, 무리에서 쫓겨난 와니니는 전에 마디바 무리에 침입했던 수사자 아산테와 잠보를 만납니다. 이들은 자신들이 말라이카를 절대로 해치지 않았다고 말하지만, 와니니는 이들을 의심해요. 그런데 갑자기 잠보가 와니니에게 암사자와 수사자는 서로 잘하는 것이 다르니 함께 다니자는 제안을 해요. 여러분이 와니니라면 어떻게 했을까요?

생각을 키우는 질문⑥

이 책의 143쪽에서 말라이카는 와니니에게 마디바 무리에서 쫓겨난 이야기를 들려줍니다. 만약 여러분이 마디바라면 말라이카마저 내쫓았을까요?

생각을 키우는 질문⑦

와니니는 자신이 쓸모없는 사자라는 말을 듣고 충격에 빠졌었어요. 친구들에게/부모님에게/선생님에게/동생들에게 어떤 말을 듣고 싶지 않나요? 반대로 듣고 싶은 말은 무엇인가요?

생각을 키우는 질문⑧

이 책의 187쪽에는 무투가 마디바의 영토를 노린다는 걸 알고 마디바의 영토에 혼자 가서 이 사실을 알리려고 하는 와니니의 모습이 나옵니다. 하지만 말라이카, 아산테, 잠보는 와니니에게 함께 가자고 이야기합니다. 와니니 무리와 마디바 무리는 무엇이 다른가요?

실제 대화 엿듣기

어른 1 : 와니니는 자신이 쓸모없는 사자라는 말을 듣고 엄청난 충격에 빠졌잖아요.

아이 1 : 와! 진짜 너무 하지 않아요? 어떻게 쓸모없다는 말을 써요?

아이 2 : 그러니까! 무슨 물건도 아니고, 쓸모 있다, 쓸모없다, 그렇게 말할 수 있는 게 아닌데!

어른 2 : 혹시 다른 사람들한테 들었던 말 중에 충격적이었던 말이 있었나요?

어른 1 : 음…. 엄마들은 있어요?

어른 2 : 엄마는 안 좋은 일은 금방 잊어버리는 성격이라서 딱히 충격적인 말은 기억나지 않는데, 반대로 너무 좋았던 말은 있어요.

아이 2 : 오, 뭔데요?

어른 2 : 음…. 지윤이가 엄마한테 써 준 편지 중에 '엄마는 최고의 엄마'라는 말? 엄마도 누군가가 칭찬해 주는 말을 좋아하는 것 같아요.

아이 1 : 저도요. 그런데 요즘에 동생이 저한테 짜증을 내면서 "언니 미워! 싫어!" 할 때가 있는데, 그 말을 들으면 별로예요.

Tip 아이들은 독서 모임을 한 뒤, 이현 작가의 팬이 되었다고 고백했습니다. 이현 작가의 다른 책은 없냐며 모조리 다 읽어 버리겠다고 말하기도 했어요. 팬이 되었다길래 이현 작가의 SNS를 보여 주었습니다. 이현 작가와 한층 가까워진 느낌이었죠. 몇 달 후, 이현 작가의 강연이 있었는데 그때 이현 작가의 사인을 받아다 선물해 주었습니다. 아이들이 어찌나 좋아하던지요. 좋아하는 작가가 생기면 작가를 향한 사랑을 마음껏 표현하게 해 주세요. 책을 향한 애착이 더욱 자라거든요.

[2] - 《잘못 뽑은 반장》

글쓴이	이은재
그린이	서영경
펴낸 곳	주니어김영사
출간연도	2009년
키워드	#친구 #리더 #반장선거 #문제아의변화

사실 이 책은 우리 독서 모임의 두 번째 책이었습니다. 그렇지만 이은재 작가의《잘못 뽑은 반장》은 독서 모임 첫 책으로도 매우 훌륭합니다. 초등학교 3학년이 읽기에 무리 없는 난이도이고, 어휘도 평이해서 부담 없이 읽고 독서 모임을 할 수 있기 때문입니다. 또 반장 선거와 학교생활이라는 생활 밀착형 소재를 다루고 있어 남자아이, 여자아이 가릴 것 없이 모두 좋아하는 책이지요.

책의 상세 줄거리 짚고 넘어가기

주인공의 이름은 '이로운'입니다. 그렇지만 로운이는 이름과 다르게 선생님께 매일 꾸중을 듣는 어린이랍니다. 그런 로운이가 엉뚱한 계획을 세웁니다. 바로 반장 선거에 나가는 것인데요. 친구들은 로운이가 반장이 될 리가 없다며 빈정거립니다. 오기가 생겨 더욱 선거 운동을 열심히 한 로운이! 그러다 정말로 얼떨결에 반장이 되어 버렸어요. 그런데 막상 반장이 되니, 해야 할 일도 많고 지켜야 할 일도 많았어요. 4학년 5반의 머슴이 되겠다고 말한 약속도 지켜야 했죠.

어느 날, 로운이는 부반장 백희가 문제아로 유명한 태람이 일당에게 당하고 있는 장면을 목격합니다. 로운이는 우리 반 친구를 괴롭히지 말라며 태람이 일당에게 대들어요. 한편, 1학기 반장이었던 제하는 미술 시간에 그림을 베껴서 혼이 나고, 제하와 로운이는 크게 싸웁니다. 그날 이후, 제하는 학교에 오지 않아요. 그렇지만 로운이는 제하의 집에 찾아가 화해를 하고 가을 한마당 때 4학년 5반은 합창을 하면서 마무리합니다.

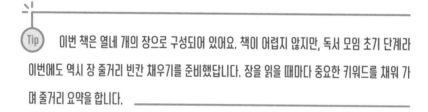

Tip 이번 책은 열네 개의 장으로 구성되어 있어요. 책이 어렵지 않지만, 독서 모임 초기 단계라 이번에도 역시 장 줄거리 빈칸 채우기를 준비했답니다. 장을 읽을 때마다 중요한 키워드를 채워 가며 줄거리 요약을 합니다.

어려운 어휘 내 것으로 만들기

생활 밀착형 소재를 다룬 책이라 어려운 어휘가 많지 않아서 아이 둘이 상의해서 모두 일곱 개의 낱말을 추리게 했습니다. 아이들이 선별한 어휘는 '영락없이', '머슴', '엉거주춤', '꼴통', '빈정거렸다', '구제 불능', '짐짓'이었는데요. 아이들이 '머슴'의 뜻을 모르고 있어서 놀랐답니다. 대강 뜻을 문맥상으로 파악해 보라고 하니, "노예? 신하 같은 뜻 아닐까요? 4학년 5반의 머슴이 되겠다고 하니 친구들이 다 웃었잖아요."라고 추측했습니다.

등장인물 비교하기

이 책도 등장인물인 '이로운'과 '황제하'의 성격이 명확히 대비되는 특징이 있었어요. 그래서 이번에도 역시 '오각 능력 그래프'를 활용했어요. 오각형의 각 꼭짓점에는 '리더십, 유머, 성실성, 배려심, 준법정신'을 넣었습니다. 같은 책을 읽고 같은 인물을 바라보았는데도 각자 그들에게 주는 점수가 다 달라요. 참 신기합니다. 왜 그렇게 점수를 주었는지 이야기하다 보면 생각보다 시간이 오래 걸려요.

모든 인물은 장단점이 있어요. 로운이도 제하도 완벽하지 않죠. 그래서 최대한 로운이의 장점은 무엇인지, 제하의 장점은 무엇인지 많이 찾아보기로 했어요. 좋은 점을 찾으려 애써 보니, 또 좋은 점이 많이 보이더라고요(로운이는 당찬 자신감, 유머, 먼저 사과하는 용기! 제하는 지휘를 잘하고 카리스마가 있는 점, 할머니랑만 사는데도 결코 주눅 들지 않는 모습). 그러고 나서 등장인물을 하나 골라 그 인물과 나의 공통점, 차이점을 써 보고 이야기 나누는 시간을 가져 보세요. 이 과정도 굉장히 재미있습니다. 특히 아이들이 엄마들의 학창 시절 이야기를 듣는 걸 아주 좋아하더라고요.

실제 대화 엿듣기

어른 1 : 엄마는 어린 시절에 반장을 몇 번 해봤는데, 사실 로운이보다는 제하의 모습과 비슷했던 것 같아요. 모범생이었거든요. 물론 제하처럼 미술 숙제를 베끼거나 그러진 않았지만요. 엄마는 로운이 같이 유머러스하거나 용기 있는 반장은 아니었던 것 같아요.

아이 1 : 오잉? 엄마가 제하였다니! 하긴, 엄마가 로운이 같진 않았을 것 같아요. 엄마는 어떻게 해서 반장이 됐어요?

어른 1 : 음, 옛날에는 말이죠. 반에서 시험을 봐서 시험 성적이 좋은 다섯 명만 반장 선거에 나갈 수 있었어요. 그래서 엄마는 항상 반장 후보였지요. 하하!

아이 1 : 와, 진짜 놀랍네요. 공부를 못하면 반장도 못 하는 거니까요!

아이 2 : 그럼, 로운이 같은 반장은 잘 없었겠어요. 그렇죠?

아이 1 : 저는 2학기 반장 선거에 꼭 나갈래요. 저는 로운이와 제하의 좋은 점만 뽑아서 반장을 해 볼 수 있을 것 같아요.

생각을 키우는 이야기 나누기

독서 모임의 꽃이죠. 생각을 키우는 이야기 나누기 시간! 이번에는 모두 네 개의 이야깃거리를 준비했고, 독서 모임 시간에 이야기 나눴어요. 바른 선거 운동, 바른 공약, 반장의 역할에 대해 주로 이야기를 나눴습니다.

생각을 키우는 질문 ①

45쪽에서 로운이는 반장이 되고 싶어서 아이들에게 어떤 행동을 하며 선거 운동을 하죠? 로운이의 선거 운동 중에 잘못된 점을 말해 봅시다. 또 선거 운동은 어떻게 해야 올바른지도 생각해 봐요.

생각을 키우는 질문 ②

56쪽에서 로운이는 머슴이 되겠다며 반장으로 뽑혀요. 그렇지만 로운이는 반장으로 뽑히고 난 뒤 공약을 실천하지 않았죠. 공약을 실천하지 않는 로운이를 반 친구들은 어떻게 생각했나요? 그렇다면 어떤 공약이 좋은 공약일까요?

생각을 키우는 질문 ③

135쪽에서 로운이는 4학년 5반 친구들을 괴롭히는 형들에게 용기 있게 말해요. 그리고 로운이의 용기 덕분에 4학년 5반 아이들은 힘을 합쳐 태람이 일당을 무찔러요. '이로운 반장', '좋은 반장'에 대해서 생각해 봐요. 아래 빈칸에 어떤 말을 넣어 볼 수 있을까요?

'반장은 _____ 해야 한다.'

생각을 키우는 질문④

157쪽에서 제하는 친구의 미술 작품을 그대로 베껴요. 제하는 베끼는 것이 옳지 못하다는 걸 알고 있었어요. 그렇다면 제하는 왜 그런 행동을 했을까요. 여러분은 제하의 마음이 이해가 가나요?

> **Tip** 독서 모임의 마무리로 좋은 활동을 하나 소개합니다. 바로 '작가의 말'을 다시 한번 정독하는 겁니다. 《잘못 뽑은 반장》의 독서 모임 마무리도 이것이었어요. 이은재 작가는 작가의 말에서 어린 시절 본인이 소심하고 부끄럼이 많았던 걸 고백했어요. 시간이 흐르면서 소심한 성격이 차츰 바뀌었지만, 끝내 반장은 해 보지 못했다고 해요. 과거로 돌아갈 수 있다면 꼭 한번 도전하고 싶다는 말도 덧붙였습니다. 작가의 말까지 모두 정독하니, 독서 모임으로 큰 위로를 받은 느낌이 들었어요. '소심하고 부끄러운 게 나만 그런 건 아니구나.', '나도 한 번쯤 용기를 내 봐야겠다.' 이런 생각이 우리 모두에게 들었습니다.

실제 대화 엿듣기

어른 1 : 반장은 _____ 해야 한다. 모두 빈칸을 채웠나요? 우리 돌아가면서 말해 볼까요?

아이 1 : 저부터 해 볼게요. 저는 '반장은 반장다워야 한다.'라고 썼어요.

어른 2 : 반장다운 게 뭘까요?

아이 1 : 반장은 모범을 보이고, 봉사 정신이 있어야 해요. 반장인 기간만큼은 더 특별히 그래야 해요.

어른 2 : 저는 '반장은 책임감이 있어야 한다.'라고 적었어요. 반장이라는 이름에 책임을 질 줄 알아야 할 것 같아요. 그냥 뽑히고 싶어서? 임명장을 받고 싶어서? 부모님께 칭찬받고 싶어서? 반장을 하는 건 잘못된 것 같아요. 다른 친구들은 가지지 않는 책임감이 반장한테는 있어야 해요.

어른 1 : 독서 모임을 마무리하면서 우리 소감 한 번씩 나눠 볼까요?

아이 1 : 저는 반장 선거에 나가야겠다고 생각했어요. 지금이 7월이니까, 2학기에는 반장 선거에 나가 봐야겠어요. 어떤 연설을 말해야 하는지는 잘 모르겠지만요.

어른 2 : 오늘 읽은 책을 예로 들면서 나는 '잘못 뽑은 반장'이 아니라 '잘 뽑은 반장'이라는 소리를 들을 수 있게 열심히 하겠다고 하면 어때요?

아이 2 : 오, 좋아요! 저는 이번 책이 아주 재미있었어요. 뭔가 우리 이야기 같은 느낌이 들어서 그런 걸까요?

어른 1 : 이번 독서 모임도 이렇게 재미있게 잘했습니다. 한 달 동안 책을 여러 번 읽느라 다들 정말 고생 많았어요. 다 같이 박수로 마무리합시다. 박수!

Tip 학급 회장 선거 때 이 책을 활용하는 연설을 아이들과 준비해서 도전해 보는 것도 좋습니다. 저희 아이도 생각만 하지 않고, 직접 실천으로 옮겼습니다. 방학 동안 《잘못 뽑은 반장》이라는 책을 읽었는데, 여러분이 저를 뽑아 주신다면 정말 '우리 반 회장 잘 뽑았다!'라는 생각이 들게 열심히 해 보겠다는 내용으로 준비했어요. 그리고 실제 이 책을 들고 가서 아이들에게 실물 책을 보여 주며 연설의 신뢰도를 높였어요. 결과는 대성공이었습니다!

글쓴이	질 아비에
그린이	키티 크라우더
옮긴이	백수린
펴낸 곳	창비
출간연도	2008년
키워드	#상상 #공상 #개성 #소통

이번 책은 외국 창작 문학입니다. 책의 두께는 두껍지 않으나, 아이들이 번역된 문장을 잘 느낄 수 있을지 조금 걱정이 되었어요. 하지만 '온 가족 책 읽기'의 장점이 여기에 있습니다. 한 번의 독서 모임을 위해 여러 번 읽으면서 준비한다는 거죠. 첫 외국 문학을 접하는 단계로 이 책을 선택한 건 아주 훌륭한 선택이었습니다.

책의 상세 줄거리 짚고 넘어가기

주인공의 이름은 엘리오! 엘리오는 어릴 적부터 이야기를 지어내는 걸 아주 좋아했어요. 누구보다 상상력이 넘쳐 나는 아이였죠. 그렇지만 엘리오는 머릿속으로 이야기를 상상할 때마다 입을 벌리는 버릇을 가지고 있었어요.

엘리오의 엄마, 아빠는 엘리오의 이 버릇이 너무 싫어서 고쳐 주고 싶어 했어요. 그래서 혼도 내보고 병원에도 데리고 가 봤지만, 아무 소용이 없었습니다. 어느 날 아빠는 엘리오에게 "조심하렴, 엘리오. 그렇게 입을 벌리고 있다가는 구름을 삼키겠구나."라고 말했어요. 그러자 엘리오는 정말 입을 꾹 다물게 되었어요. 구름을 뱉기가 싫어서 꼭 필요한 때가 아니면 입을 열지도 않고, 놀지도 않고, 웃지도 않았어요. 결국 엄마, 아빠는 엘리오의 예전 모습을 그리워하면서 반성합니다. 엘리오에게 사과하며 있는 그대로의 엘리오를 이해하고 사랑하겠다고 말해요. 그 순간 엘리오의 눈에서 눈물이 흐릅니다. 엘리오의 눈물은 그냥 눈물이 아니었어요. 엘리오가 삼켰던 구름이 비가 되어 흐른 것이었습니다.

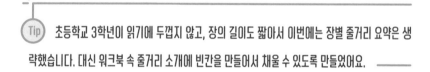

Tip 초등학교 3학년이 읽기에 두껍지 않고, 장의 길이도 짧아서 이번에는 장별 줄거리 요약은 생략했습니다. 대신 워크북 속 줄거리 소개에 빈칸을 만들어서 채울 수 있도록 만들었어요.

어려운 어휘 내 것으로 만들기

의외로 이해하기 까다로운 어휘는 많지 않았습니다. 다만 그 뜻을 대강 알고 있는 것과 정확히 그 뜻을 설명할 수 있는 것에는 큰 차이가 있죠. 그래서 이번 모임에서는 아이들이 뜻을 정확히 표현할 기회를 많이 제공했습니다. '흡족하다', '반항', '불호령이 떨어졌다', '음모를 꾸미다', '단호하다', '연달아', '장담하다', '결백하다', '지평선' 이렇게 아홉 개의 낱말을 추렸고, 직접 설명해 보는 시간을 가졌어요. 이 중 '지평선'은 잘 설명하지 못해서 어른들이 한자를 쓰며 '수평선'과 '지평선'의 차이를 알려 주었답니다.

등장인물 탐구하기(캐릭터 탐구)

'오각 능력 그래프'를 통해 엘리오와 엘리오의 부모님 캐릭터 탐구를 해 보았어요. 상상력, 인내심, 순수함, 배려심, 준법정신과 같은 다섯 가지 능력치를 비교해 보았습니다. 순수함과 상상력이 부족한 엘리오의 부모님과 개성 넘치는 엘리오가 서로 극명하게 대비되지요. 그렇지만 엘리오와 부모님 모두 서로를 향한 배려심은 부족하지 않았나 하는 이야기를 나눴어요. 엘리오도 부모님을 조금 배려했다면, 입을 벌리는 버릇을 조금이라도 고쳐 보려는 노력을 하지 않았을까요?

실제 대화 엿듣기

어른 : (엘리오 대변) 입을 열고 있는 게 뭐가 어때서 그래요? 다른 사람에게 큰 피해를 주는 행동도 아니잖아요. 그렇게 입 다물기를 바랄 땐 언제고 또 지금은 왜 입을 열라고 그러는 걸까요? 부모님들은 정말 이해가 안 가요!

아이 : (부모님 대변) 입을 벌리고 있으면 바보 같아 보이잖아요. 자기 아들이 바보 취급받는 걸 원하는 부모는 없어요.

어른 : (엘리오 대변) 그래도 엘리오가 입을 일부러 벌리는 것도 아니고, 자기도 모르게 입이 벌어지는 거잖아요. 그걸 가지고 뭐라고 하면 안 되죠.

아이 : (부모님 대변) 억지로 입을 다물고 아무 말도 안 하는 모습은 꼭 엄마 아빠를 놀리는 것 같은 느낌을 줘요.

생각을 키우는 이야기 나누기

다섯 개의 이야깃거리를 준비했습니다. 아이들의 열띤 토론에 불을 지핀 질문은 '엘리오의 버릇을 고쳐 주는 것이 맞는가?'였어요. 당연히 엘리오 편에서 이야기할 줄 알았는데, 꼭 그렇지 않더라고요. 다섯 개의 질문을 공개합니다.

생각을 키우는 질문 ①

16쪽에서 보면 엘리오는 상상력이 아주 풍부한 아이입니다. 상상의 나래를 머릿속에서 펼칠 때면 입을 벌리는 게 엘리오의 습관이었어요. 그렇지만 엄마는 이 습관을 아주 많이 싫어하는 것 같죠? 엘리오는 이 버릇을 고치는 게 좋을까요. 아니면 그냥 두는 게 좋을까요?

생각을 키우는 질문②

45쪽에서 보면 엄마, 아빠는 엘리오의 입을 다물게 하기 위해서 굉장히 무섭게 혼을 내기도 합니다. 이 부분을 읽어 보면 엄마, 아빠에 대한 엘리오의 마음이 아주 잘 나타나 있어요. 엘리오의 마음은 지금 어떤가요? 또 여러분도 그런 기분을 느껴 본 적이 있나요?

생각을 키우는 질문③

63쪽에서 엘리오는 구름이 자기 입에서 빠져나갈까 봐 입을 다물고 있기로 결심하죠. 엘리오의 이런 행동은 학교에서도 계속됩니다. 이 사실을 알 리 없는 선생님은 엘리오의 행동이 당황스럽기만 해요. 엘리오의 이런 행동에 대해서 어떻게 생각하나요?

생각을 키우는 질문④

90쪽을 보세요. 엄마, 아빠는 점점 자신의 잘못을 생각하고 반성하기 시작해요. 엘리오를 있는 그대로 받아 주지 않고 자기들이 보기에 좋은 아이로 만들려고 했던 것을요. 엄마, 아빠의 엄하고 무서운 태도가 점점 부드럽게 바뀌고 있어요. 엄마, 아빠의 이런 변화를 지켜보는 여러분의 마음은 어떤가요?

생각을 키우는 질문 ⑤

104쪽! 이 책의 마지막 장면입니다. 미안하다고 이야기하는 것, 사랑한다고 이야기하는 것은 생각보다 많은 용기가 필요한 일이지요. 이런 용기가 필요했던 적이 있나요? 미안하고 사랑한다는 엄마, 아빠의 솔직한 고백을 들은 엘리오. 여러분이 엘리오라면 지금 이 순간 엄마, 아빠한테 무슨 말을 할 수 있을까요?

실제 대화 엿듣기

어른 1 : 엘리오가 너무 힘들었을 것 같다는 생각을 해 봤어요. 나도 모르게 자꾸만 입이 벌어지는 자기 자신이 너무 싫었을 것 같아요. 그래서 그렇게 좋아하는 상상도 혼자 숨어서 하잖아요. 안 그래요?

아이 1 : 그건 그래요. 그런데 또 엄마, 아빠가 괜히 그 버릇을 고치게 하려는 건 아니니까. 솔직히 계속 입 벌리고 있으면 좀 보기 안 좋잖아요.

어른 2 : 그래도 마지막에 "주변의 아주 작은 것들에도 감동하는 엘리오를 본받아야겠다."라고 아빠가 말할 때 마음이 좀 뭉클하더라고요.

아이 2 : 엄마, 아빠가 좀 용기를 낸 것 같아요. 어른이 어린이에게 미안하다고 하고, 본받겠다고 말하는 건 어려운 일 같은데 말이죠.

어른 1 : 이 책을 읽으면서 그림책 《완벽한 아이 팔아요》가 생각났어요. 마트에 가서 완벽한 아이를 돈 주고 사 오는 이야기. 기억나요?

아이 2 : 기억나요! 그 그림책에서 아이가 마트 직원한테 나도 완벽한 부모를 찾아 달라고 말하는 장면이 나오잖아요!

글쓴이	강효미
그린이	손지희
펴낸 곳	상상의집
출간연도	2017년
키워드	#공정 #공부할 권리 #자유 #평등 #공평

표지 속 그림이 앙증맞게 예쁜 이 책. 아이들은 이 책을 받아 든 순간부터 호의적인 태도를 보여 주었어요. '고래'와 '천 원'과 '공부방'. 어울리지 않을 것 같은 이 세 가지가 책 속에서 어떻게 어우러지게 될지 기대되는 책이었습니다. 대체로 초등학교 3학년이 읽기 쉽지만, 이 책에 담긴 뜻은 굉장히 심오해서 이야기 나눌 거리가 참 많았던 책입니다.

책의 상세 줄거리 짚고 넘어가기

머리말(마을)과 꼬리말(마을)이라는 두 마을이 함께 살고 있는 고래동의 이야기입니다. 아이들은 머리말에 살든 꼬리말에 살든 고래동에 단 하나뿐인 고래초등학교에 다니지요. 그런데 머리말에 사는 아이들과 꼬리말에 사는 아이들에게는 조금 다른 특징이 있었어요. 머리말에 살고 있는 아이들은 비싼 학원을 많이 다녀서 성적이 좋은 반면, 꼬리말에 살고 있는 아이들은 가난한 편이라 학원을 다니지 못해 성적이 낮았습니다. 그러던 어느 날, 꼬리말에 공부방이 생겨요. 공부방의 이름은 바로 '천 원 공부방'. 공부방을 운영하는 사람은 일명 '할쌤'입니다. 할쌤이 천 원 공부방을 만들어 꼬리말 아이들에게 공부를 가르쳐요. 그러자 꼬리말 아이들의 성적이 부쩍 좋아집니다. 하지만 머리말 사람들로 인해 문을 닫게 되죠. 그러다 고래동에 특수 학교가 생긴다는 소문이 돌기 시작합니다. 머리말 꼬리말 두 동네 부모님들은 합심해서 특수 학교 건립에 반대합니다. 하지만 아이들은 누구나 공부할 권리가 있다며 특수 학교 건립을 찬성하는 시위를 합니다.

이건 무슨 뜻일까? 책 속 관용어구 들여다보기

이 책에는 유난히 관용어구가 많이 등장해요. 어른들은 찰떡같이 이해하는 관용어구이지만 아이들에게는 거리감 있는 어휘일 수도 있어요. 또 이미 뜻을 알고 있다면 그것을 자신의 언어로 설명하고 표현해 보는 경험도 아주 중요하기 때문에 책 속에서 다섯 개의 관용어구를 찾아 이야기를 나눠 보았습니다.

실제 대화 엿듣기

어른 1 : 12쪽에 이 부분은 어떤 상황인지 기억하나요?

아이 1 : 기억나요. 뭐랄까. 평소에는 머리말과 꼬리말 구분 없이 친하게 잘 놀았는데, 시험 성적표가 나오고 나서 묘하게 멀어지는?

어른 2 : 잘 기억하고 있네요! 책을 유심히 잘 읽은 덕분인가 봐요. 그렇다면 여기서 '보이지 않는 유리 벽'이라는 표현은 어떤 상황을 표현하는 걸까요?

아이 2 : 유리가 원래 투명하잖아요? 유리창이 있으면 투명해서 서로 다 보이긴 하지만 손잡을 수도 없고 만날 수가 없으니까 답답하잖아요! 그런 상황인 거죠, 지금!

아이 1 : 서로가 보이는데 그 사이에 투명한 벽이 있어서 팀으로 나눠진 상황. 편 먹는 상황? 뭐 이런 뜻인 것 같아요.

어른 1 : 맞아요. 좀 어색한 상황이죠? 이런 느낌을 받았던 적이 있나요? 친한 사이인데 막 괜히 마음이 멀어지는?

아이 2 : 음, 그런 상황이 언제 있었더라. 뭐 있었던 것 같긴 한데, 생각 좀 해 볼게요! 분명히 있었어요!

책 속에서 발견하는 시사 상식

귀엽고 예쁜 표지, 얇은 두께의 책이라고 그 깊이가 얕은 건 절대 아니죠. 이 책으로 나눌 수 있는 사회 시사 상식이 참 옹골찹니다. 이제까지 아이들과 독서 모임에서 다루었던 책들은 모두 인물의 특징이 크게 도드라졌었는데요. 이번 책은 인물보다는 사건, 그리고 그 사건이 일어나게 된 배경에 더 주목할 필요가 있는 책이었습니다.

특수 학교가 건립되는 걸 합심하여 투쟁하는 머리말과 꼬리말의 어른들은 전형적인 지역 이기주의의 모습을 보여 줍니다. 님비 현상Not In My Back Yard, 핌피 현상Please In My Front Yard을 떠올릴 수 있죠. 아이들에겐 어려운 개념일 수 있기에 EBS에서 친절한 설명과 함께 제공하는 애니메이션을 먼저 시청한 뒤, 이야기를 나누었어요.

실제 대화 엿듣기

아이 1 : 엄마, 그런데 특수 학교를 세우는 걸 왜 반대하는지 저는 이해하지 못하겠어요. 솔직히 원자력 발전소 같은 건 그래도 이해가 되거든요. 그건 위험하니까, 어린이들이 많이 사는 동네에 그게 세워진다고 하면 반대할 수는 있을 것 같아요. 그런데 특수 학교는 이해가 잘 안 가요.

어른 1 : 음, 그건 특수 학교가 동네에 생기면 동네의 집값이 떨어질 거라고 생각하는 일부 어른들 때문이에요.

아이 2 : 왜요? 왜 집값이 내려간다고 생각해요?

어른 2 : 어떤 사람들은 자기가 사는 동네에 훌륭하고 똑똑하며 능력 있는 사람들만 살기를 바라기도 해요. 그 사람들은 특수 학교가 세워지면, 동네에 도움이 필요한 사람들이 많이 이사 오게 될 거라고 예상하지요.

아이 2 : 참나, 그 사람이 자기 가족이라고 생각하면 절대 그런 생각을 못 할 텐데요?

어른 1 : 그러니까 '이기주의'라고 부르는 거예요. 앞 글자를 따서 님비, 핌피라고 부르지요. 이 책에 등장하는 어른들은 님비, 핌피 중에서 어떤 모습의 이기주의일까요?

아이 1, 2 : 님비요!

아이들에게 '정의^Justice'라는 개념은 살짝 어려울 수 있습니다.《고래동 천원 공부방》132~139쪽에는 정의에 대한 작가의 설명이 있는데, 이 부분을 아이들이 정독해서 이해하기가 어렵죠. 그래서 이 부분은 노트 필기하며 읽을 수 있도록 워크북으로 만들어 보았어요.

실제 대화 엿듣기

어른 1 : 정의가 언제나 잘 지켜지면 좋겠지만, 안타깝게도 그렇지 않다고 해요. 134쪽에 정의가 잘 지켜지지 않았던 사례들이 세 가지 나오거든요? 얼른 찾아봅시다.

아이 1 : 피부색에 따른 차별이요!

아이 2 : 여성이랑 노동자, 농민들한테는 선거권이 없었대요. 선거를 할 수 없었다는 뜻인가요?

어른 2 : 맞아요. 대통령을 뽑는 선거를 할 때 여성, 노동자, 농민은 할 수가 없었지요. 우리나라에서도 그런 비슷한 차별이 있었어요.

아이 2 : 양반이랑 노비를 차별하는 거요.

이 책을 읽으며 아이들은 제대로 된 공평이란 과연 무엇인지 고민해 볼 기회가 생겼어요. '공평'이라고 하면 무조건 똑같이 나누는 것이라 생각했었는데, 그렇지 않다는 것도 알게 됩니다. '달리기 시합'을 예로 들어 설명해 주면 아이들의 이해가 훨씬 쉬워집니다.

실제 대화 엿듣기

어른 1 : 우리 반 철수라는 아이는 다리가 불편해서 종종 휠체어도 타고 절뚝거리면서 걷지요. 그런데 달리기 시합을 하게 된 거예요. 자, 철수와 같은 출발선에서 똑같이 출발하는 것, 이것에 대해 어떻게 생각하나요?

아이 2 : 무조건 철수가 꼴찌를 하겠죠. 아니면 철수는 끝까지 완주를 못 할 수도 있고요.

아이 1 : 철수와 달리기를 해서 이겨도 기분이 안 좋을 것 같아요.

아이 2 : 완전 공감. 세 살짜리 동생이랑 달리기 시합해서 이겼을 때랑 비슷한 느낌?

어른 2 : 그래서 선생님께서는 철수를 5미터 앞에서 출발할 수 있게 해줬어요. 이렇다면요?

아이 2 : 이제 좀 공평해진 것 같아요.

어른 1 : 달리기뿐만 아니라 우리 사회에서도 정말 공평한 것이 무엇일지 생각해 볼 필요가 있어요.

아이 1 : 부자인 사람들이 가난한 사람들을 위해서 좀 더 양보해야 하지 않을까요?

아이 2 : 그러면 지금 우리나라는 옛날보다 공정한 나라로 변했어요?

어른 2 : 옛날보다는 많이 공정해졌지요. 예를 들어 장애인 주차 구역을 볼까요? 장애인이 출입구와 가까운 곳에 주차할 수 있게 되어 있고 일반 주차 구역보다 훨씬 넓게 되어 있어요.

어른 1 : 또 여자들도 선거에 참여할 수 있게 된 점? 65세 이상의 노인들은 무료로 지하철을 타는 것 등이 있어요.

명장면, 명대사 찾기

이 책을 읽으면서 가장 감동받았던 장면, 재미있었던 장면이나 대사, 문장들을 떠올려 보고 각자 돌아가며 말해 봅니다. 우연히 명장면과 명대사가 겹칠 수도 있는데, 왜 그 장면을 손에 꼽았는지 그 이유에 관해 이야기 나눠요. 그리고 독서 모임을 마무리하는 소감을 나누며 마칩니다.

[5] – 《시원탕 옆 기억사진관》

글쓴이	박현숙
그린이	이명애
펴낸 곳	노란상상
출간연도	2018년
키워드	#우리동네 #기억 #추억 #젠트리피케이션

지난 독서 모임《고래동 천 원 공부방》을 통해 처음으로 책에 담겨 있는 배경지식을 공부하며 이야기 나눴습니다. 그래서 이번에도 비슷한 책을 골라 보았습니다. 3학년 어린이가 스스로 익히기 어려운 사회 상식을 아동 문학으로 함께 읽으며 배울 수 있으니, 책도 읽고 상식도 쌓는 일석이조의 독서 모임입니다. 박현숙 작가의 책은 아이들에게 워낙 인기가 많지요. 특히 〈수상한 시리즈〉는 신간이 나올 때마다 인기입니다.《시원탕 옆 기억사진관》은 박현숙 작가의 숨은 명작인데, 이 책으로 독서 모임을 꼭 해 보시길 바랍니다!

책의 상세 줄거리 짚고 넘어가기

지훈이가 짝사랑하는 성지. 성지네 할머니는 무려 3대째 '시원탕'이라는 목욕탕을 운영하셨어요. 지훈이네 동네에는 이 목욕탕 말고도 오래된 가게들이 많았는데요. 지훈이네 할아버지도 무려 40년째 '기억사진관'을 운영하고 계십니다. 그런데 얼마 전부터 오래된 가게들이 하나둘씩 사라져 갔어요. 특히 동네에 최고급 사우나가 생기면서 사람들이 그곳으로 옮기는 바람에 시원탕에는 손님이 뚝 끊겼죠. 동네 여기저기는 오래된 집을 허물고 새로운 가게를 짓느라 공사 소리가 났고요. 같은 반 친구 화진이네 미용실도 없어져서 이사를 해야 했어요. 망원 세탁소도 없어졌습니다.

그러던 어느 날, 갑작스레 성지의 할머니가 돌아가십니다. 지훈이 할아버지는 슬프고 미안한 마음으로 성지 할머니 장례식 때 쓰일 영정 사진을 직접 고르셨어요. 할머니가 돌아가시기 전에 화해하지 못한 걸 미안해하시면서요. 결국 시원탕도, 기억사진관도 문을 닫습니다. 성지, 지훈이, 화진이, 모두의 추억이 담긴 이곳이 점점 사라져 가요.

어려운 어휘 내 것으로 만들기

어려운 어휘가 많지 않은 어린이책이었습니다. 다만 41쪽 '명물 목욕탕', 65쪽의 '앓던 이가 빠진 것처럼', 104쪽의 '등이 작아 보였다', 120쪽의 '눈앞에 별이 와르르 쏟아졌다', 125쪽에 '눈가가 반짝하고 빛났다'라는 부분에 대해서는 조금 더 깊게 이야기해 보았습니다. 아이들은 125쪽에 눈가가 반짝 빛났다는 부분이 할아버지의 눈물인 건 이해하며 읽었지만, 120쪽에 나오는 눈앞에 별이 와르르 쏟아지는 건 이해하지 못하고 읽었더라고요. 자신들도 이 부분을 읽으면서 무슨 뜻인지 몰라서 의아했다고 고백도 했답니다.

덕분에 이야기를 나누며 추론하는 재미가 있었어요.

Tip 독서 모임을 여러 번 경험했다면, 어휘에 대한 이야기를 점차 줄여나가도록 해요. 어휘 말고도 나눌 수 있는 이야기가 많으니, 초반에 너무 어휘 이야기로 힘을 빼지 않도록 10분 정도의 시간만 할애하도록 해요.

생각을 키우는 이야기 나누기

이번에는 네 개의 이야깃거리를 준비했어요. 나머지 이야깃거리는 모두 의견이 통일되었는데, 두 번째 질문에서 아이들 의견이 갈렸어요. 이렇게 의견이 갈릴 때, 독서 모임이 흥미로워지기도 합니다. 다른 의견이 나올 때, 아이들의 눈이 더 반짝거리거든요.

생각을 키우는 질문 ①

22쪽을 보면 지훈이 할아버지는 지훈이에게 시원탕에 같이 가자고 하는데, 지훈이는 완강히 거부해요. 지훈이는 왜 시원탕에 가기 싫었던 걸까요?

생각을 키우는 질문 ②

41쪽에서 화진이가 성지를 향해 말해요. 성지 꿈은 이루어질 수 없다고 말이죠. 성지의 꿈이 이루어지기 어렵다고 한 이유는 무엇일까요? 또 그 말을 들은 성지의 마음은 어땠을까요?

생각을 키우는 질문③

98쪽에는 성지 아빠가 사진관에 가서 어머니 사진을 보는 장면이 나와요. 돌아가신 어머니의 젊었던 시절 사진을 보는 성지 아빠의 마음은 어땠을지 생각해 봅시다. 또 이 사진관의 이름이 '기억사진관'인 이유도 이야기해 봅시다.

생각을 키우는 질문④

125쪽에서 지훈이는 할아버지가 사진관을 그만둔다는 이야기를 듣고 할아버지께 달려갑니다. 할아버지는 한사코 괜찮다고 말씀하세요. 40년간 일터를 떠나는 할아버지의 마음은 정말 괜찮았을까요? 여러분은 한 분야에서 오랫동안 일한 사람을 알고 있나요? 그런 사람을 보면 어떤 마음이 드나요?

실제 대화 엿듣기

어른 1 : 한 분야만 열심히 집중하고 공부하며 연습해서 그 분야의 최고가 된 사람은 누가 있을까요?

아이 1 : 음, 잘 안 떠올라요. 그런 사람이 누가 있지? 엄마는 있어요?

어른 1 : 엄마는 있지요. 얼마 전에 엄마의 옆 반 선생님이 정년퇴직을 하셨거든요. 무려 35년간 학교에서 아이들을 가르치는 일을 하셨대요.

아이 2 : 정년퇴직이 뭐예요?

어른 1 : 일할 수 있는 나이는 정해져 있고, 이제 그 나이가 되신 거지요. 그래서 이제 일터를 떠나야 하는 거예요. 그 선생님은 35년 동안 단 한 해도 쉬지 않고 학교에서 아이들을 가르치셨대요. 학교를 마지막으로 출근하시는 날, 학교 선생님들과 인사를 나눴는데, 선생님이 눈물을 흘리셨어요. 그래서 엄마도 많이 울었어요.

아이 1 : 엄마는 왜 울었어요?

어른 1 : 모르겠어요. 선생님을 참 좋아했는데 이제 못 뵌다는 아쉬운 마음도 들었고, 그렇게 오랫동안 교실에서 일하셨는데 정든 교실을 떠난다고 생각하니 너무 슬프기도 하고, 막 뿌듯하기도 하고, 여러 감정일 것 같은 거예요. 그래서 엄마도 따라 눈물이 났어요.

아이 2 : 음, 저 생각났어요. 김연아 선수!

아이 1 : 오, 맞다! 김연아 선수도 은퇴했잖아. 물론 김연아 선수는 나이가 막 많지는 않지만.

아이 2 : 나이는 많지 않아도 아주 어릴 적부터 스케이트 연습만 했잖아. 금메달도 많이 따고. 그래서 스케이트를 그만둘 때 마음이 엄청 슬펐을 것 같아.

책 속에서 발견하는 시사 상식

이 책은 '도시 지역 재활성화'라는 뜻을 가진 '젠트리피케이션'에 대한 이야기를 담고 있어요. 그래서 우리도 젠트리피케이션에 대한 자료를 찾아 함께 읽고 이야기를 나눴어요. 아이는 독서 모임을 하고 나서 일주일 뒤, 사회 시간에 선생님께서 '젠트리피케이션'을 알려 주셨는데 정확히 그 개념을 손 들고 발표해서 칭찬을 많이 받았다며 뿌듯해했답니다.

젠트리피케이션이란 도심 가까이에 위치한 황폐한 공간을 다시 개발하는 사업을 말해요. 신사동 가로수길, 삼청동, 경주 황리단길 등이 그 예죠. 서울

성북구 낙산공원에서 학창 시절을 보낸 저는, 젠트리피케이션을 경험한 사람 중 한 명입니다. 어릴 적엔 단칸방들이 다닥다닥 모여 있는 아주 조용한 동네 였는데, 지금은 아름다운 경치를 배경 삼아 예쁜 카페와 레스토랑들이 즐비 하죠. 드라마 촬영도 많이 하고요. 젠트리피케이션을 잘 이해하려면 여러분 의 경험을 살려 이야기해 주시는 게 좋습니다.

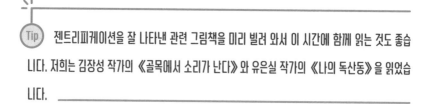

Tip 젠트리피케이션을 잘 나타낸 관련 그림책을 미리 빌려 와서 이 시간에 함께 읽는 것도 좋습 니다. 저희는 김장성 작가의 《골목에서 소리가 난다》와 유은실 작가의 《나의 독산동》을 읽었습 니다.

젠트리피케이션의 빛과 그림자를 살펴봅니다. 젠트리피케이션이 이루어 지면 나타나는 장점과 어쩔 수 없이 겪어야 하는 단점은 무엇일지 이야기를 나눠 봐요. 마을의 전통을 지키는 것과 마을의 경제 발전을 위해 오래된 건물 을 부수고 새로운 건물을 짓는 것 중에 어느 것이 더 가치 있는 일이라고 생 각하는지 이야기를 나눠 봅니다. 아이들이 말하기에 어려운 주제 같지만, 아 이들 나름대로 자신의 생각을 담아 이야기할 수 있어요. 또 마을의 전통을 지 키면서 동시에 경제도 발전시키는, 두 마리 토끼를 잡을 방법은 없는지에 대 해서도 이야기 나눠 보세요.

명장면, 명대사 찾기

　이 책을 읽으면서 가장 감동받았던 장면, 재미있었던 장면이나 대사, 문장들을 떠올려 보고 각자 돌아가며 말해 봅니다. 우연히 명장면과 명대사가 겹칠 수도 있는데, 왜 그 장면을 손에 꼽았는지 그 이유에 관해 이야기 나눠요. 그리고 독서 모임을 마무리하는 소감을 나누며 마칩니다.

가치 중심의 책을 읽어 봅시다

초등학교 3학년 때 '온 가족 책 읽기'를 시작하지 못했다고 조바심 내지 마세요. 초등학교 4학년도 '온 가족 책 읽기'를 시작하기에 참 좋은 학년입니다. 일단 4학년이 되면 고학년으로 진입하는 시점이라, 이 시기 아이들이 읽을 만한 좋은 동화책이 참 많습니다. 꼭 여기에 소개된 동화책이 아니더라도 아이들이 스스로 읽고 싶어 하는 동화책이 있다면, 바로 그 책으로 '온 가족 책 읽기'를 시작해도 좋습니다.

네, 맞아요. 우리 아이들에게 결국 '읽지 않으려는 저항감'만 없으면 됩니다. 이 책을 읽고 계시는 여러분들에게 묻습니다. 여러분은 '읽지 않으려는 저항감'을 얼마나 가지고 계신가요. 또 여러분의 자녀는 '읽지 않으려는 저항감'이 얼마나 있나요?

만약 읽지 않으려는 저항감이 없다면, 독서 모임 진행이 한결 쉬워집니다. 우리가 아이들의 독서 정서를 고려해야 하는 이유죠. 하지만 읽지 않으려는 저항감이 오래 지속되었다거나, 갑자기 생긴 경우라면 조금 더 조심스럽게 접근할 필요가 있겠죠.

가치가 드러난 책은 울림이 있다

이 세상에는 수많은 가치가 있어요. 가치價値는 '좋은 것, 값어치·유용有用·값'을 뜻하는데 사람마다 좋아하는 것, 유용한 것이 모두 달라요. 그래서 사람마다 중요하게 생각하는 가치도 다른 겁니다.

초등학교 4학년의 독서 모임 책으로 '가치가 드러난 책'을 추천합니다. 앞서 말씀드렸듯이 중학년 시기의 아이들은 자기중심적인 사고에서 벗어나 타인의 삶을 바라보기 시작합니다. 나와 타인이 다른 가치를 가지고 있다는 걸 알게 됩니다. 우리가 이 세상 모든 사람을 직접 대면할 수 없으므로, 책을 통해 다양한 가치를 간접 경험하는 건 책이 가져다주는 훌륭한 이점이랍니다.

가치가 드러난 책은 울림을 가져다줍니다. 마음속에 은은하게 퍼지는 특유의 잔잔한 감동과 여운이 있지요. 그런 책에 빠지기 시작하면 '읽지 않으려는 저항감'도 조금씩 옅어집니다.

독서 모임 진행은 이렇게

'온 가족 책 읽기'의 진행은 다음의 다섯 가지 정도의 단계를 거치면 좋습니다.

줄거리 탐색

'줄거리 릴레이'를 적극적으로 활용해 보세요. 줄거리를 손으로 쓰는 데 절대 시간을 쓰지 마세요. 줄거리 요약은 서로의 언어로 주고받는 릴레이 형식으로 진행하면 시간이 많이 단축됩니다. 또 책의 내용을 요약하는 능력도 자랄 수 있어요.

어휘 점검

어휘 점검도 해야 합니다. 책을 읽으면서 처음 봤던 낱말은 메모하거나, 태그 스티커를 붙이도록 하면 편하겠죠. 문맥으로 그 낱말의 뜻을 예상해 보기도 하고, 필요한 경우 인터넷 사전 검색을 해 봐도 좋습니다. 그렇지만 이 단계에서 너무 많은 시간을 할애하지는 마세요. 낱말 서너 개 정도만 짚고 가도 충분합니다.

생각 나누기

세 번째 단계가 '온 가족 책 읽기'의 핵심입니다. 가치가 잘 드러난 장면을 선택해서 그 장면에 관해서 이야기를 나누는 겁니다. 이 단계에서는 보통 "나라면 어떻게 했을까?", "주인공의 선택에 대해 너는 어떤 생각을 했니?"라는 질문을 주고받게 됩니다. 사람마다 추구하는 가치가 다르므로 답변도 제각각이겠죠. 그런 생각의 다름을 누려 보세요.

비슷한 가치가 담긴 그림책 읽기

워크북 마지막에 '함께 읽으면 좋은 그림책'을 실어 놓았습니다. '온 가족 책 읽기'를 마무리하며 아이들과 함께 한 권의 그림책을 나눠 보세요. 그리고 아이들에게 "독서 모임 책과 이 그림책에는 어떤 공통점이 있을까?"라고 물어보세요.

소감 말하기

'온 가족 책 읽기'의 마무리는 항상 중요합니다. 오늘 이 모임을 통해 어떤 것을 얻을 수 있었는지, 책을 읽고 이야기를 나누는 과정이 힘들진 않았는지 서로의 소감을 나눠 봅니다.

[1] - 《어느 날 구두에게 생긴 일》

글쓴이	황선미
그린이	신지수
펴낸 곳	비룡소
출간연도	2014년
키워드	#친구 #약속 #비밀 #우정 #따돌림

전 세계가 사랑하는 대한민국의 동화 작가인 황선미 작가가 쓴 동화입니다. 《마당을 나온 암탉》으로 이미 아이들이 알고 있었던 작가라, 이번 책은 더욱 기대하는 마음으로 읽었습니다. 이 동화는 아이들에게 실제 일어날 법한 일들을 다루고 있어 아이들을 깊이 몰입시킵니다. 또《어느 날 구두에게 생긴 일》이라는 제목 속 '구두'가 사물을 뜻하는 것인지 아니면 사람을 뜻하는 것인지 호기심을 자아내는데요. 3, 4학년 아이들이라면 끝까지 집중하여 잘 읽어 낼 수 있을 겁니다. 이번 독서 모임도 덕분에 많은 이야기꽃을 피울 수 있었어요.

책의 상세 줄거리 짚고 넘어가기

혜수와 미진이로부터 은근한 따돌림을 당하고 있는 주인공 여자아이 '주경이'. 주경이는 혜수와 미진이로부터 명인이의 구두를 창밖으로 던지라는 지시를 받고 그대로 따르고 말았습니다. 주경이가 명인이의 구두를 던지는 걸 목격한 친구가 있었으니, 그 친구의 이름은 정아! 게다가 명인이는 주경이 엄마가 운영하는 죽집에서 일하는 할머니의 손녀였어요. 그래서 주경이는 명인이의 엄마가 돌아가셨다는 것과 명인이의 아빠는 인도네시아에 살고 있다는 것, 그리고 주경이가 던진 구두는 명인이 엄마가 명인이에게 마지막으로 남긴 선물이었다는 것을 알게 됩니다.

주경이는 용기를 내어 그동안 있었던 일을 엄마에게 고백해요. 그리고 주경이는 명인이와 정아, 선생님, 우영이에게 각각 편지를 남깁니다. 주경이는 전학까지 갈 마음을 먹고 있었지만, 명인이는 주경이를 용서합니다. 결국 주경이와 명인이, 정아, 우영이는 깜짝 팀을 구성해서 학예회를 함께 준비합니다.

인물의 감정을 나타내는 말 떠올리기

이 책은 인물이 겪는 감정의 변화를 알아보기에 참 좋은 책입니다. 그런데 많은 아이가 감정을 나타내는 어휘를 많이 알고 있지 않아요. '좋다, 나쁘다'와 같이 이분법적으로 감정을 나눠 표현하거나, '좋다'는 감정도 '즐겁다, 재미있다, 행복하다' 정도로만 표현하기 쉽지요.

책 속에서 주경이는 여러 가지 감정의 동요를 겪습니다. 단순히 '기분이 좋았다.'와 '기분이 나빴다.'라고만 주경이의 감정을 나타내기에는 주경이의 마음 변화의 폭이 상당히 크죠. 하지만 마음을 나타내는 말을 곧장 떠올리기는 어렵기 때문에 워크북에 마음을 나타내는 말을 이백여 개 실었습니다. 아이들은 이백 개의 어휘를 보자마자 "헉!" 소리를 내질렀죠. 이백 개 중 평소에 자주 쓰는 말을 동그라미 쳐 보라고 했더니, 열 개를 넘기기 힘들었습니다. 그만큼 우리가 입으로 내뱉는 감정 어휘는 극히 한정적이죠. 책 속 인물이 겪었을 마음 상태를 나타내는 말을 이백 개의 감정 어휘 속에서 찾아봄으로써 어휘력을 확장할 기회로 삼을 수가 있어요.

| 예시 | 감정을 나타내는 다양한 어휘들

기쁘다	허전하다	괘씸하다	답답하다	떳떳하다
감격하다	쓰라리다	실망스럽다	원망스럽다	따분하다
찡하다	감미롭다	싸늘하다	언짢다	약 오르다
든든하다	설레다	서글프다	고민하다	뉘우치다
희망적이다	무시하다	조마조마하다	켕기다	섬뜩하다

Tip 아이들이 주경이가 겪었을 마음을 골랐다면, 어느 장면에서 그 마음을 겪었는지 페이지를 직접 찾아 해당 부분을 낭독하게 하세요. 감정을 고르고 난 뒤에 낭독을 하면 훨씬 더 실감 나게 주인공의 마음을 담아 읽을 수 있거든요. 마치 연기자가 된 듯 낭독을 하면 독서 모임의 즐거움이 배가 됩니다. 아이들이 부끄러워하면 어른이 먼저 시범을 보여도 좋겠죠?

생각을 키우는 이야기 나누기

　이 책은 내가 직접 등장인물이 되었다고 상상해 보고, 나라면 어떤 선택을 했을 것인가를 상상하며 이야기 나누기 좋아요. 개방형 질문을 주고받을 수 있는 절호의 기회이지요. 만약 등장인물이 다른 선택을 했다면 이야기는 어떻게 달라졌을까 상상해 보는 재미도 있고요. 이 책의 주인공이 우리 아이들 또래라 더욱 열정적으로 몰입해서 이야기 나눌 수 있을 겁니다.

생각을 키우는 질문①

　24쪽에서 주경이는 혜수의 따돌림 상대가 자기만 아니면 된다고 생각하고 있어요. 주경이가 이런 생각을 가지게 된 이유는 무엇일까요? 여러분은 주경이의 마음이 이해되나요? 혜수의 올바르지 못한 행동을 멈추기 위해 주경이가 할 수 있는 일은 없었을까요?

생각을 키우는 질문②

　30쪽에서 주경이는 구두를 창밖으로 던질까 말까 망설이다가 결국 안타깝게도 던지고 말았습니다. 만약 구두를 던질지 말지 고민하는 주경이를 직접 목격했다면 여러분은 어떤 행동을 했을까요?

생각을 키우는 질문③

　88쪽에서 명인이는 구두 사건의 범인을 찾게 됩니다. 명인이는 주경이에게 너도 나처럼 마음이 아팠느냐고 묻습니다. 여러분도 누군가에게 이렇게 물어보고 싶었던 적이 있었나요? 그때가 언제였는지 아주 솔직하게 이야기 나눠 봅시다.

생각을 키우는 질문④

102쪽을 볼까요? 주경이는 혜수에게 사과받고 싶었습니다. 그렇지만 혜수는 끝내 주경이에게 사과하지 않아요. 여러분은 주경이의 이런 생각에 대해 어떻게 생각하나요? 주경이가 책 속에서처럼 가만히 참지 않고, 혜수에게 큰 소리로 사과하라고 소리쳤다면 이 책의 이야기는 어떻게 달라졌을까요?

실제 대화 엿듣기

아이 1 : 그런데 솔직히 말이야. 나는 주경이 마음 이해해. 혜수가 동갑이긴 하지만 완전 강한 애잖아. 솔직히 좀 무섭고. 그러니까 피하고 싶었을 거야.

아이 2 : 나도 이해해. 막 선생님이 무섭게 애들 혼낼 때 있잖아. 그럴 때 나는 그런 생각 좀 해. 내가 혼나는 거 아니니까 괜찮아. 뭐 이렇게?

아이 1 : 오, 맞아! 어렸을 적에는 내가 혼나는 거 아니고 다른 애가 혼나는 건데 괜히 내가 마음이 막 슬프고, 무섭고, 죄송하고, 그런 마음이 들었었는데, 지금은 약간 귀를 닫는달까?

어른 2 : 주경이도 약간 비슷한 마음이었을 수 있겠어요. 따돌림당하는 게 내가 아니라면 괜찮다. 나만 아니면 돼. 이런 마음?

어른 1 : 그런데 광고에도 나오잖아요. 따돌림을 지켜보는 것만으로 나도 함께 따돌리는 것이랑 똑같다. 뭐 이런 내용이요.

아이 1 : 그렇긴 한데 주경이의 마음도 충분히 이해돼요.

어른 1 : 그건 엄마도 동의합니다!

어른 2 : 만약에 이 책 속의 주경이가 강단도 있고, 용감하고, 씩씩하고, 불의를 보면 못 참는 성격의 아이라면? 이야기는 달라졌을 것 같아요.

아이 2 : 그렇겠네요. 선생님께 말하지 않았을까요? 그런데 선생님도 혜수 편을 들 수 있으니까, 몰래몰래 증거를 확보하는 거죠! 핸드폰으로 사진 찍고 동영상 찍고!

어른 1 : 뭐예요. 갑자기 명탐정 홈스 느낌?

아이 1 : 《어느 날 구두에게 생긴 일》 2탄이 나온다면, 주경이가 혜수를 좀 혼내 줬으면 좋겠어요!

명장면, 명대사 찾기

이 책을 나누고 나니, 잠시나마 친구 관계로 힘들어하는 아이들의 아픔이 느껴져 마음이 먹먹해졌어요. 엄마를 떠나보낸 뒤 항상 엄마가 그리웠을 명인이. 서로 마음에 남는 명장면, 명대사를 나누는 경험은 책의 여운을 더 짙게 했습니다. 아이가 고른 문장은 바로 이것이었어요. "나란히 있는 게 참 잘 어울린다. 사이좋은 친구들처럼."

작가의 이야기 다시 읽어 보기

황선미 작가는 아이들을 위해 많은 책을 집필하셨습니다. 그리고 그 책마다 우리 마음속 깊이 안겨 주는 분명한 무언가가 있었어요. 이 책도 독자들에게 반드시 전달하고자 했던 것이 분명히 있었을 텐데요. 과연 그건 무엇이었을까 찾아보는 걸 마지막으로 독서 모임을 마무리했습니다.

이 그림책으로 마무리!

독서 모임을 마무리하며 정진호 작가의 그림책《위를 봐요!》를 함께 읽었어요. 다리를 잃어 늘 아래쪽만 바라보며 살던 수지. 그런데 어느 날 위를 쳐다보는 친구 덕분에 수지의 세상에 색깔이 입혀지기 시작해요. 고개를 들어 위를 쳐다본 것뿐인데, 황선미 작가의 말처럼 누군가의 단 한 사람이 될 수 있었던 거죠.《친구의 전설》과《모르는 척》도 친구 관계를 다시 한번 생각해 볼 수 있는 재미있는 그림책이라 함께 추천해 봅니다.

[2] - 《빨강 연필》

글쓴이	신수현
그린이	김성희
펴낸 곳	비룡소
출간연도	2011년
키워드	#성장 #정직 #거짓말 #유혹 #글쓰기

빨강 연필

2011년 제17회 황금도깨비상 장편동화 부문 수상작입니다. 이 책은 신수현 작가의 데뷔작이라고도 하는군요. 판타지적인 요소가 가미된 동화책을 싫어하는 아이들은 못 봤어요. 이 책은 판타지적인 요소가 부담스럽지 않게 녹아 있어요. 빨강 연필을 쥐는 순간, 세상에서 가장 특별한 아이가 되는 민호의 이야기가 재미있는지 아이가 열 번 이상 읽었던 동화책입니다. 책의 재미와 감동을 표지 디자인이 다 담고 있지 않다며 아쉬워하기까지 했어요.

빨강 연필이 쓴 글은 민호를 인기와 능력 있는 아이로 만들어 주었어요. 그렇지만 민호는 점점 죄책감을 느끼며 고민하게 됩니다. 엄마에게도 털어놓지 못한 채 혼자 고민하는 민호의 모습은 아이들이 몰입하기에 충분했어요.

줄거리 릴레이

아이 : 주인공은 민호인데 글쓰기 재능이 없고 자신감도 없어요.

어른 : 그러던 어느 날 일기를 쓰다가 빨강 연필의 초능력을 알게 됐지요!

아이 : 그 능력이 뭐냐면 그 연필만 잡으면 글이 술술 써지는 거예요.

어른 : 그래서 민호는 상을 받게 됩니다.

아이 : 그런데 민호는 자꾸만 마음이 조마조마해요. 거짓말을 한 거니까요.

어른 : 결국 글짓기 대회를 앞두고 빨강 연필을 잃어버려서 실력이 들통이 나버려요.

아이 : 그렇지만 심사위원이었던 동화 작가님은 민호가 솔직하게 쓴 글을 잘 쓴 글이라고 칭찬해 주셨어요.

생각을 키우는 이야기 나누기

이 책도 내가 직접 등장인물이 되었다고 상상해 보고, 나라면 어떤 선택을 했을지에 관해 이야기 나누기 좋아요. 책 속에서 '정직'과 '유능함'이라는 두 개의 가치가 계속 충돌하고 있거든요. '정직'과 '유능함' 중에서 선택해야만 하는 주인공 민호의 입장을 헤아려 보고, 두 가치가 가지고 있는 속뜻을 생각해 보세요.

생각을 키우는 질문 ①

14쪽에는 선생님이 물건을 훔쳐 간 범인을 찾는 장면이 나와요. 민호는 어떤 선택을 했나요? 민호의 선택에 대해 어떻게 생각하나요? 민호가 그 선택을 하게 된 이유는 무엇이라고 생각하나요?

생각을 키우는 질문 ②

59쪽에서 민호는 오줌이 마려웠지만 방 밖을 나가질 못하고 참아요. 민호가 소변을 참아야 했던 심정에 관해 이야기해 봅시다. 민호처럼 소변을 참을 만큼 무섭거나, 두렵거나, 떨렸던 상황이 여러분에게도 있었나요? 떠나는 아빠를 바라보는 민호는 어떤 마음이었을까요?

생각을 키우는 질문 ③

97쪽에서 민호는 엄마에게 대뜸 전학을 보내 달라고 투정을 부려요. 여러분도 민호처럼 학교 가기 싫었던 날이 있었나요? 엄마가 민호에게 계속 곤란한 질문을 하고 있잖아요. 혹시 여러분도 곤란한 질문을 받았을 때가 있나요? 언제 그랬는지 말해줄 수 있어요? 지금까지 쓴 글들이 민호가 아닌 빨강 연필이 썼다는 사실이 알려진다면 주변 사람들의 반응은 어떨까요?

실제 대화 엿듣기

아이 : 만약에 엄마가 이 사실을 민호가 솔직히 고백해서 알게 된 거라면, 조금 실망은 하겠지만 그래도 토닥여 줬을 것 같아요. 그런데 만약에 이 사실을 다른 사람의 입을 통해 알게 된다면, 이건 좀 화나지 않겠어요? 속상한 건 기본이고 무지 화날 것 같은데요.

어른 : 오, 그렇군요! 그 사실을 누구한테 듣느냐에 따라 엄마 기분이 정말 달라질 것 같아요. 그럼, 선생님은 어떤 반응이었을까요?

아이 : 음, 엄마랑 선생님은 달라요. 선생님은 속상하지는 않았을 것 같아요. 뭐 딱히 화가 나지도 않을 것 같아요. 오히려 제가 선생님이라면 민호한테 용기를 줬을 것 같아요. 빨강 연필이 민호한테 찾아온 것 자체가 민호가 가진 능력인 거라고요.

어른 : 빨강 연필이 민호한테 찾아온 것 자체가 민호의 능력이라니 참 멋진 생각인데요!

이 그림책으로 마무리!

《빨강 연필》로 독서 모임을 마치며 아이들에게 읽어 준 책은《당나귀 실베스터와 요술 조약돌》이었습니다. 당나귀 실베스터가 소원을 이뤄 주는 요술 조약돌을 주웠다가 겪게 되는 일을 그린 그림책입니다. 이 그림책과《빨강 연필》은 묘하게 닮은 점이 있어요. 그 점이 무엇인지 아이들과 이야기를 나눠 봄 직합니다. 무작정 소원을 이루는 게 꼭 좋은 것만은 아니라는 것, 지금 내가 누리고 있는 이 삶이 어쩌면 이미 많은 소원을 이루고 살고 있는 것이라는 걸 아이들이 느끼면 좋겠습니다.

[3] – 《오이대왕》

글쓴이	크리스티네 뇌스틀링거
옮긴이	유혜자
펴낸 곳	사계절
출간연도	2009년
키워드	#권력 #권위 #불신 #가부장

　　오스트리아의 유명 작가 크리스티네 뇌스틀링거의 작품《오이대왕》입니다. 표지에 등장하는 주인공의 비주얼이 썩 훌륭하지 않아서(?) 아이들은 처음에 이 책이 이달의 독서 모임 책으로 선정된 것에 불만을 표시했었답니다. 그런데 크리스티네 뇌스틀링거가 괜히 유명 작가가 아니죠. 페이지를 넘기면 넘길수록 빠져드는 작가의 작품 세계! 표지에 대한 선입견, 제목에 대한 선입견을 버리고 몰입감을 얻기에 충분했습니다. 책은 술술 읽히지만, 작가가 독자에게 던지는 메시지는 꽤 굵직합니다. 특히 '권위'라는 가치에 대해 이 동화책만큼 깊게 이야기할 수 있는 책은 없으니까, 아이들과 이 동화책으로 꼭 '온 가족 책 읽기'를 해 보시길 바랍니다.

책 표지, 책 제목에 관해 이야기 나누기

오스트리아 작가 '크리스티네 뇌스틀링거'는 2024년 현재 88세로 오랫동안 작품 활동을 해 온 작가입니다. 아스트리드 린드그렌 상도 받았죠(우리나라의 백희나 작가도 수상하셨죠). 《오이대왕》 말고도 크리스티네 뇌스틀링거의 작품이 많이 있는데 그중에서도 《깡통 소년》이 유명하니 아이들에게 꼭 소개해 주세요.

또 독서 모임을 시작하면서 아이들에게 이 책의 표지 느낌과 제목 느낌에 대해서도 물어보며 워밍업을 하면 좋습니다. 오이대왕의 비주얼이 썩 귀엽진 않은데 귀여워하는 아이들도 있고, 표지 때문에 읽고 싶지 않았다는 아이들도 있었어요. 여러분의 아이들은 어떻게 생각하고 느낄지 궁금하네요.

주인공 인물 탐구

이 책은 주인공에 대한 탐구가 제대로 이루어져야 합니다. 어느 날 갑자기 볼프강 집을 찾아온 불청객, 오이대왕! 그는 여기에 왜 왔고 대체 정체가 무엇인지, 오이대왕의 정체를 짐작할 수 있는 단서를 함께 찾아봐요. "오이대왕의 생김새, 옷차림에 대해 찾아볼까?", "오이대왕의 성격은 어때?", "어느 부분에서 그렇게 느꼈어?", "오이대왕이 볼프강네 집에 오게 된 이유에 대해서 오이대왕의 생각과 할아버지의 생각은 무엇이 달랐지?"

생각을 키우는 이야기 나누기

어느 날 갑자기 나타난 오이대왕 때문에 볼프강 가족의 변화가 생깁니다. 특히 오이대왕은 모두가 자신에게 대왕 대접을 해 주기를 바랐는데요. 이런 황당무계한 요구를 하는 오이대왕에게 유일하게 친절을 베푸는 식구가 바로 볼프강의 아빠였습니다. 그런데 볼프강의 아빠는 사실 오이대왕과 닮은 점이 참 많았어요. 바로 누구에게나 대접을 받으려고 하고, 막강한 권위로 다른 사람에게 지시하고 명령하는 모습이었죠. 그래서 이번 '온 가족 책 읽기' 모임에서는 '바람직한 권위'에 대한 이야기를 나눠 보았습니다.

생각을 키우는 질문 ①

그러고 보니 오이대왕과 아빠는 묘하게 닮은 것 같아요. 오이대왕과 아빠에게는 어떤 공통점이 있을까요?

생각을 키우는 질문 ②

오이대왕은 유독 황금 왕관을 소중하게 생각했어요. 왜 그랬을까요?

생각을 키우는 질문 ③

오이대왕과 아빠, 이 둘에게 부족했던 것은 뭐였을까요?

실제 대화 엿듣기

어른 : 오이대왕은 유독 황금 왕관을 소중하게 생각했어요. 왜 그랬을까요?

아이 : 왕관이 왕의 상징이기 때문에 그러지 않았을까요?

어른 : 진정한 왕이라면 왕관이 없어도 왕인 건 변함이 없지 않을까요?

아이 : 그러니까 오이대왕은 진정한 왕이 아니었던 거죠. 왕관이 없으면 아무것도 아닌, 그냥 벌레랑 똑같지 않았을까요?

생각을 키우는 질문 ④

어떤 사람이 다른 사람에게 큰 영향력을 끼칠 때, 우리는 그 영향력을 '권위'라고 불러요. 그리고 어떤 분야에서 다른 사람보다 훨씬 더 큰 능력을 발휘하는 사람을 '권위자'라고 부릅니다. 그러니까 권위는 자기가 자기 스스로에게 주는 것이 아니라 여러 사람이 그 사람에게 주는 거지요. '오이대왕'과 '아빠'가 저지른 최대 실수를 여기서 알 수 있어요. 그게 뭘까요?

생각을 키우는 질문 ⑤

우리나라에서는 2021년 1월 18일 '자녀 체벌 금지법 민법 개정안'이 통과되었어요. 그래서 부모에게 자녀를 징계할 수 있는 자녀 징계권이 법에서 없어지게 됐지요. 그런데 이 법에 대해 의견이 상당히 분분하거든요. 여러분의 생각은 어떤가요?

실제 대화 엿듣기

어른 : 그러니까 '권위'라는 말 자체는 나쁜 말이 아닌 것 같아요.

아이 : 그 권위를 잘 사용해야 하는데, 잘못 사용하는 사람이 많아서 나쁜 이미지가 생긴 것 같아요.

어른 : 오이대왕과 아빠가 저지른 최대 실수가 뭐라고 생각해요?

아이 : 권위를 너무 자기 마음대로 사용한 거요. 또 그 권위가 영원할 거라고 생각한 것도 실수였어요. 그 권위를 가지고 나머지 식구들에게 명령하고, 하인 부리듯 한 건 정말 실수한 거죠.

이 그림책으로 마무리!

그림책 《어쩌다 여왕님》은 어쩌다 연못에 떨어진 사람의 청혼 반지를 왕관으로 착각한 개구리가 어쩌다 여왕의 권위를 가지게 된 이야기를 담고 있습니다. 《오이대왕》과 연관 지어 생각해 보면 좋습니다. 꼭 읽어 보세요!

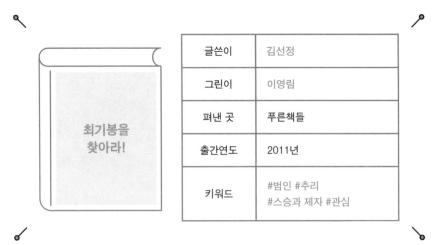

[4] – 《최기봉을 찾아라!》

글쓴이	김선정
그린이	이영림
펴낸 곳	**푸른책들**
출간연도	2011년
키워드	#범인 #추리 #스승과 제자 #관심

최기봉을
찾아라!

    제자로부터 선물 받은 도장을 잃어버린 최기봉 선생님은 도장을 찾기 위해 범인으로 의심되는 아이들을 '도장 특공대'로 임명하고 자백하기를 기다립니다. 하지만 수사는 점점 오리무중으로 빠지고, 최기봉 선생님은 아이들의 마음속에 꼭꼭 감춰 두었던 이야기를 발견하게 되죠. 술술 읽히면서, 도장 범인이 누구일지 추리하는 과정이 꽤 흥미진진합니다. 이 동화책은 '사회적 약자를 위한 관심'에 대해 독서 모임에서 이야기 나누기 좋습니다. 나의 작은 배려, 나의 작은 관심이 누군가에게 큰 힘이 될 수 있다는 소중한 가치를 '온 가족 책 읽기'를 통해 나눠 보세요.

줄거리 릴레이

어른 : 어느 날 최기봉 선생님이 어떤 제자한테 도장 선물을 받았어요.

아이 : 그러다가 도장을 도둑맞았는데, 학교 곳곳에서 그 도장 자국이 마구 발견됐지요.

어른 : 그래서 최기봉 선생님이 엄청 화가 났어요.

아이 : 최기봉 선생님은 두식이들과 공주리가 범인인 것 같아서 이들을 의심하며 도장 특공대로 임명하죠.

어른 : 결국 범인은 공주리였어요.

아이 : 그리고 최기봉 선생님은 도장을 선물한 사람이 다름 아닌 유보라 선생님이라는 사실도 뒤늦게 알게 되지요.

생각을 키우는 이야기 나누기

최기봉 선생님은 결국 도장을 선물한 사람이 어렸을 적 최기봉 선생님에게 관심을 받고 싶어 했던 제자 유보라 선생님이라는 사실을 알게 됩니다. 최기봉 선생님은 불우한 어린 시절의 기억 때문에 아이들에게 선뜻 다가가지 못했던 자신의 무관심이 아이들에게 얼마나 많은 상처와 아픔을 주는지 깨닫게 되면서 비로소 자신의 닫힌 마음을 활짝 열게 돼요.

생각을 키우는 질문 ①

11쪽에서 최기봉 선생님이 안간힘을 써서 기억을 떠올린다는 장면이 나오는데, '안간힘'이라는 말이 무슨 뜻인 것 같아요? 그리고 최기봉 선생님의 기억 속에 떠오르는 아이가 없었던 이유는 무엇이었을까요?

생각을 키우는 질문 ②

44쪽에서 아이들은 유보라 선생님이 최기봉 선생님을 싫어한다고 큰 소리로 말하고 있어요. 이 이야기를 들은 최기봉 선생님의 기분은 어떨 것 같아요? 누군가가 나를 왠지 싫어하는 것 같은 느낌을 받은 적이 있나요? 혹시 없다면 그런 느낌을 받는다면 어떨 것 같은가요?

생각을 키우는 질문 ③

79쪽에는 알고 보니 자신의 제자였던 유보라 선생님께 최기봉 선생님이 사과하면서 아무것도 주지도 않고 받지도 않는 사람으로 살려고 했었다고 말하고 있어요. 이제 최기봉 선생님은 어떻게 변화하게 될까요?

생각을 키우는 질문 ④

최기봉 선생님이 83쪽에서 공주리가 범인인 것을 알고도 그냥 넘어가 주는 장면이 나와요. 이런 결정을 내린 이유는 뭐라고 생각하나요?

실제 대화 엿듣기

어른 : 엄마도 최기봉 선생님처럼 직업이 선생님이잖아요. 그런데 엄마는 최기봉 선생님이 '아무것도 주지도 않고 받지도 않는 사람'이 되고 싶다고 말한 게 좀 이해

가 되지 않았어요.

아이 : 저도요. 저는 많이 주고 많이 받는 사람이 더 좋은 사람 같아요.

어른 : 최기봉 선생님은 왜 그런 생각을 한 걸까요?

아이 : 음, 그냥 조용히 살고 싶었나 봐요. 최기봉 선생님 같은 성격은 절대 연예인
은 못 할 것 같아요.

어른 : 엄마도 같은 생각이에요. 그래도 사람이 아무것도 주지 않고, 아무것도 받지
않으면서 살 수 없다는 걸 최기봉 선생님이 깨달은 것 같아요. 최기봉 선생님은 앞
으로 어떻게 변할까요?

아이 : 엄청! 친절한 선생님이 될 것 같아요. 기억에 남지 않고 스쳐 지나가는 선생
님이 아니라, 선명하게 기억에 남는 선생님이 될 것 같아요.

이 그림책으로 마무리!

그림책《사자마트》는 험상궂은 외모를 가진 사자 씨가 운영하는 마트 이
야기입니다. 덕분에 동네 사람들은 사자마트의 사자 씨에 대한 선입견을 버
리지 못하지요. 어느새 무서운 사자가 있는 곳이 되어 버린 사자마트.

그런데 사자 씨의 조용한 선행, 아낌없는 배려가 점점 동네 사람들에게
와닿기 시작하면서 변화가 시작됩니다. 그림책《사자마트》의 주인공 사자 씨
와 최기봉 선생님은 어떤 부분이 닮았고, 어떤 부분이 다른지 이야기 나누며
'온 가족 책 읽기'를 마무리합니다.

[5] - 《강남 사장님》

글쓴이	이지음
그린이	국민지
펴낸 곳	비룡소
출간연도	2020년
키워드	#고양이 #성장 #유튜버

유튜버는 어린이뿐만 아니라 많은 사람이 꿈꾸는 주목받는 '직업'이죠? 《강남 사장님》에는 유튜브를 통해 이미 성공을 이룬 고양이가 등장합니다. 아이들이 좋아하는 '유튜버'와 '고양이'라는 이 두 가지 요소가 똘똘 뭉쳐 있으니, 이 동화책은 이미 읽기 전부터 아이들의 전폭적인 지지를 받았던 책이었습니다. 그렇지만 그냥 단순히 재미를 위해서만 독서 모임을 진행하진 않겠죠? 이 동화책에 숨겨진 가치인 자립과 성장, 인내와 고생이라는 가치를 '온 가족 책 읽기'에서 아이들과 함께 꼭 이야기 나눠 보세요.

줄거리 릴레이

어른 : 주인공은 열두 살 김지훈이에요.

아이 : 지훈이는 집이 꽤 가난해서 아르바이트를 구했는데, 사장님이 유명한 인터 넷 스타 고양이 강남 냥이였어요.

어른 : 지훈이는 졸지에 고양이를 돌보는 집사 아르바이트를 하게 됐는데 힘들어 도 열심히 했어요.

아이 : 지훈이는 집사 아르바이트를 하면서 새로운 꿈이 생겼는데 그건 피디가 되 는 거였어요.

어른 : 강남 냥이는 인기가 시들해져서 애옹 할배가 되었는데, 지훈이는 애옹 할배 랑 같이 계속 유튜브를 촬영했어요.

아이 : 마지막에는 지훈이가 헤어졌던 아빠를 만나면서 끝이 나요.

독서 퀴즈로 워밍업

《강남 사장님》은 워낙 아이들이 즐겁게 읽었던 책이라 '온 가족 책 읽기' 도 그 텐션에 어울리게끔 쉽고 재미있는 퀴즈로 워밍업했어요. 질문은 제가 사전에 만든 질문을 사용하기도 했고, 아이들이 즉석에서 만들어서 내기도 했습니다.

- 지훈이는 어디에서 이사 왔나요? 왜 이사 왔나요?
- 지훈이에게는 별명이 있어요. 왜 그런 별명이 생겼죠?
- 지훈이가 아르바이트를 시작하면서 해야 했던 일들은 무엇이었죠?
- 지훈이가 사장님을 학교에 처음 데리고 간 날, 지훈이에게 친구들이 생기기 시작 했어요. 그리고 그날 어떤 일이 일어났죠?

- 실장님은 왜 강남 사장님 곁을 떠난 걸까요?
- 실장님이 떠난 뒤, 강남 사장님과 지훈이가 시작한 프로젝트는 무엇이었죠?
- 이 책의 마지막 장면, 지훈이가 취재하러 갔다가 만난 사람은 누구였죠?

생각을 키우는 이야기 나누기

생각을 키우는 질문 ①

59쪽을 보면 복권을 사는 사람들의 마음을 추리해 볼 수 있어요. 복권은 왜 사는 걸까요? 고생하지도 않았는데 큰 행운을 누리는 것의 안 좋은 점은 무엇일까요? 강남 사장님이 말하는 '고생값'이라는 건 무엇일까요? 여러분은 직접 겪은 고생값이 있었나요?

생각을 키우는 질문 ②

124쪽에서는 잘못한 걸 일일이 기억하는 일을 하지 말라고 강남 사장님이 말하고 있어요. 그런데 그게 참 쉽지 않잖아요. 잘못한 걸 어떻게 하면 까먹을 수 있을까요? '사랑은 용서하는 것'이라는 말이 있는데 이 말에 대해 어떻게 생각하나요?

생각을 키우는 질문 ③

103쪽에서 강남 사장님은 드레스를 챙겨야 한다면서 드레스에 집착하고 있어요. 강남 사장님이 드레스에 집착하는 이유는 뭘까요? 강남 사장님은 나중에 드레스 없이도 잘 살 수 있게 되는데 이렇게 변한 사장님을 보며 어떤 생각을 했나요?

생각을 키우는 질문 ④

50쪽에서 강남 사장님은 인기가 부담스럽다고 말해요. 인기 있는 사람이 되면 좋은 점과 안 좋은 점이 둘 다 있을 거예요. 이것에 관해 이야기해 봐요.

여러분은 인기 있는 유명한 사람이 되고 싶나요? 아니면 유명해지고 싶은 생각이 없나요? 그 이유는 무엇인가요?

실제 대화 엿듣기

어른 : 요즘 어린이들 사이에서 장래 희망 1위가 유튜브 크리에이터래요. 그런데 강남 사장님이 유튜버잖아요. 강남 사장님은 이렇게까지 인기 있는 유튜버가 될 생각은 없었다고 했는데 왜 그런 걸까요?

아이 : 구독자들을 실망하게 하지 않기 위해 눈치를 봐야 해서?

어른 : 오, 그렇네요. 정말 유명해지는 게 마냥 좋은 일은 아닌가 봐요. 유명해지면 좋은 점은 뭐고, 안 좋은 점은 뭘까요?

아이 : 유명해지면 일단 돈은 많이 벌 수 있을 것 같아요. 광고도 찍을 수 있고, 또 어딜 가나 나를 알아보니까 서비스도 잘 받을 수 있을 것 같고, 일단 기분이 엄청 좋을 것 같아요. 그런데 너무 유명해지면 어딜 가나 나를 알아보니까 좀 불편할 것 같기도 해요.

어른 : 유명한 사람이 되고 싶나요?

아이 : 전 막 유명해지고 싶은 생각은 없는데, 또 너무 안 유명해지고 싶진 않아요.

그러니까 이게 무슨 말이냐면, 적당히 유명해지고 싶다는 생각? 강남 사장님이 이렇게까지 유명해지고 싶은 생각은 없다고 말했잖아요. 그런 것처럼 그냥 적당히 불편하지 않을 정도로만 유명해지고 싶은데 그게 어렵겠죠?

이 그림책으로 마무리!

그림책 《누가 알았겠어?》는 사냥을 하러 나간 늑대가 겪는 이야기를 담고 있어요. 쉬울 줄 알았던 사냥이 결코 쉽지 않습니다. 결국 양 분장까지 했죠. 그런데 이번에도 실패입니다. 양들의 따뜻한 배려를 경험하고 나니, 더 이상 그들을 사냥할 수 없게 된 거죠. 거듭되는 도전과 실패를 겪다 보면 지치고 포기하고 싶은 마음이 들기 마련이지만, 그럼에도 늑대는 다른 방법을 찾고 계속 시도해요. 《강남 사장님》의 주인공 강남 냥이와 지훈이도 마찬가지입니다. 힘든 일이 있어도 자립할 수 있고, 성장할 수 있어요. 물론 고생값은 지불해야 합니다. 이 그림책과 참 많이 닮았죠. '온 가족 책 읽기'의 마지막을 이 책으로 정리해 보는 건 어떨까요?

사건 중심의 책을 읽어 봅시다

초등학교 5학년의 '온 가족 책 읽기'는 어떨까요? 초등학교 5학년은 독서력이 쑥쑥 커지는 시기입니다. 3, 4학년을 지나는 동안 동화책의 매력에 빠져 본 어린이들이라면 이제는 좀 더 깊은 서사와 줄거리, 첨예한 갈등 구조와 촘촘한 실마리가 담겨 있는 책을 원할 거예요. 단순한 기승전결의 이야기에는 큰 매력을 느끼지 못합니다. 그래서 종종 어떤 책을 읽고는 이렇게 말하기도 하죠. "이 책은 좀 가볍다.", "이 책은 좀 시시하다."라고요.

그런데 아직 동화책의 매력에 빠지지 못한 친구들도 있습니다. 그렇다고 해서 독서력이 부족한 건 아닙니다. 다만 동화책의 매력에 빠지지 못한 친구들, 이런 친구들 중에는 픽션보다 논픽션을 좋아하는 친구들이 많아요. 실제 있었던 이야기나 일상생활에 직접적으로 도움을 주는 책, 과학 상식 등을 담은 책을 좋아하는 경우가 많습니다.

정말로 독서력이 부족해서 픽션, 논픽션 모두를 힘겨워하는 5학년이라도 아직 늦지 않았습니다. 책의 세계는 참 신기해서 나도 모르게 언제 그랬냐는 듯 '호로록'하고 빠져 버릴 수 있어요. 그날이 오기까지 우리는 아이들 곁에서 종이책의 사각사각한 느낌, 책장 넘기는 소리, 책을 읽는 목소리를 들려주어야 해요.

사건이 탄탄한 책을 읽어야 한다

초등학교 5학년의 독서 모임 책으로는 '사건 중심'으로 진행되는 책이 좋습니다. 이 시기의 아이들은 단순한 사건과 문제 해결이 나열된 기본 구조의 책에는 크게 흥미를 느끼지 않아요. 좀 더 첨예한 사건이 담겨 있는 세계에 몰입합니다. 그래서 5학년 어린이와 함께하는 독서 모임은 사건이 탄탄한 책을 다뤘습니다. 직접 그 사건을 경험해 보지 않아도 책을 읽으며 사건에 몰입하다 보면, 어느새 나 또한 그 일을 겪은 듯한 느낌을 받을 때가 있는데요. 그 느낌을 서로 이야기 나누다 보면 '온 가족 책 읽기'가 풍성해질 거예요.

독서 모임 진행은 이렇게

'온 가족 책 읽기'의 진행은 다음의 다섯 가지 정도의 단계를 거치면 좋습니다.

줄거리 탐색
"줄거리 탐색을 이제는 생략해도 되지 않을까요?"라고 간혹 물으시는 분들이 계십니다. 하지만 고학년이 될수록 줄거리 탐색을 놓쳐서는 안 됩니다. 사건이 복잡해지면서 등장인물도 많아지고, 시점도 쉴 새 없이 변화해 간혹 줄거리를 놓치는 경우가 생기기 때문이죠. 독서 모임 초반에 한 번쯤은 줄거리를 짚고 넘어갈 수 있도록 하세요. 그렇다고 너무 많은 시간을 줄거리 탐색에 쏟아서는 안 된다는 점도 명심해 주세요.

어휘 점검

어휘 점검도 필요합니다. 하지만 역시 많은 시간을 여기에 쏟지 않아야 해요. 그러기 위해서는 아이들이 책을 읽으면서 '이 낱말은 정말 처음 보는 낱말이었어.', '이건 정말 무슨 뜻인지 모르겠다.' 하는 낱말에 메모 표시를 해 두어야 합니다. 독서 모임에 참여하는 어른 또한 '이 낱말은 우리 아이들이 잘 모를 것 같은데?' 싶은 낱말은 꼭 메모해 두세요. 독서 모임 시간에 그 낱말의 뜻을 유추해 보는 시간을 가지면 많은 시간을 뺏기지 않으면서 어휘도 점검할 수 있답니다.

사건 분석

사건 중심의 책이기 때문에 사건이 어떻게 시작되었으며 어떻게 전개되어 절정에 이르렀다가 해결되는지 그 흐름을 살펴보는 것이 좋습니다. 다만, 사건 이야기를 하다 보면 자연스럽게 줄거리 탐색과 중복되는 이야기 나눔이 될 수도 있어요. 그렇다면 과감히 이 단계는 생략하고 다음 단계로 넘어가도 좋습니다.

생각 나누기

책마다 아이와 이야기 나눌 수 있는 보석 같은 장면들이 많이 있습니다. 어떤 책은 그런 장면들이 너무 많아서 시간 가는 줄 모르고 이야기를 나누게 되었는데요. 제가 제공하는 워크북을 통해 생각을 나눌 수 있는 이야깃거리들을 나눠 보세요.

소감 말하기

'온 가족 책 읽기'의 마무리는 항상 중요합니다. 오늘 이 모임을 통해 어떤 것을 얻을 수 있었는지, 책을 읽고 이야기를 나누는 과정이 힘들진 않았는지 서로의 소감을 나눠 봅니다.

[1] – 《트리갭의 샘물》

글쓴이	나탈리 배비트
그린이	윤미숙
옮긴이	최순희
펴낸 곳	오늘책
출간연도	2023년
키워드	#영원 #영생 #샘물 #욕심 #소원 #축복

1975년에 처음 출간된《트리갭의 샘물》을 함께 읽었습니다. 원작의 제목은《Tuck Everlasting》입니다. 터크 가족이 샘물을 마시고 영생을 얻는 이야기라는 것을 제목만으로도 유추할 수 있죠. 우리나라의 전래동화《젊어지는 샘물》이 떠오르지요? 우리나라보다 다른 나라에서 워낙 널리 읽히고, 유명한 현대 고전이라 독서 모임에서도 한 번 다뤄 보기로 했습니다. 책의 초반부는 살짝 지겹고 어려워했지만, 초반부를 지나면 술술 읽히는 마법 같은 책이랍니다. 그렇지만 이 책은 출판사에서도 고학년 어린이에게 권하고 있는 만큼, 5, 6학년 아이들과 독서 모임으로 나눠도 결코 쉽지 않은 책입니다. 독서력이 조금 부족한 상태라고 생각되면 과감히 아껴 두었다가 6학년이 되어서 나눠 봐도 좋아요.

책의 상세 줄거리 짚고 넘어가기

터크 가족은 10년마다 트리갭 숲의 샘에 와서 샘물을 먹었어요. 이번에도 둘째 아들 제시 터크가 샘물을 먹고 있었죠. 그때 '위니'라는 아이가 샘물을 먹는 제시 터크를 발견하게 되고, 위니는 그 물을 마시면 결코 죽지 않는다는 이야기를 터크 가족에게서 듣게 됩니다. 그런데 바로 전날, '노란 옷을 입은 남자'가 위니네 집에 찾아왔었어요. 트리갭 숲의 주인이 되어 샘물을 팔아 큰돈을 벌려는 속셈이었지요.

터크 가족은 위니를 자기 집으로 데려왔어요. 이 샘물이 아주 위험한 샘물이라는 걸 알려 주기 위해서였어요. 하지만 '노란 옷의 남자'가 이 이야기를 엿들었고, 위니를 찾는 가족에게 위니가 있는 곳을 알려 주는 대가로 트리갭 숲을 받았습니다. 트리갭 숲의 주인이 되었지만 정작 샘물의 위치는 몰랐던 '노란 옷의 남자'는 터크 가족을 찾아가지만, 터크 가족은 절대 알려 주지 않아요. 그리고 몸싸움을 벌인 끝에 터크 부인은 감옥에 갑니다.

둘째 아들 제시는 엄마를 구하기 위해 위니와 머리를 맞댑니다. 위니는 몰래 자신이 감옥에 들어가고, 터크 부인을 빠져나가게 하는 기지를 발휘해요. 그리고 제시는 위니에게 샘물 한 병을 선물합니다. 같이 샘물을 마시고, 영원히 살자는 제안이었죠. 그로부터 70년이 지나 터크 가족은 다시 트리갭 마을을 찾아옵니다. 트리갭 숲은 없어졌고 그 자리에 위니의 묘를 발견하게 됩니다. 위니는 제시가 준 물을 마시지 않았던 것이죠!

생각을 키우는 이야기 나누기

이 책은 하브루타 방식으로 이야기 나누기에 좋은 책으로도 유명합니다. 하브루타는 유대인의 교육 방법으로 책을 읽고 두 사람이 짝을 이루어 서로 문답하며 학습하는 것을 말해요. 좋은 질문을 할 줄 알아야 하고, 그에 따른 답변을 제대로 하기 위해서는 논리적으로 내 생각을 정리해서 일목요연하게 말할 수 있어야겠죠. 이 책이 하브루타 방식으로 이야기 나누기에 알맞은 책인 만큼 독서 모임은 어휘를 짚고 가는 것은 생략하기로 하고, 곧바로 생각을 키우는 이야기 나누기로 진입했습니다. 이번에는 하브루타의 질문 단계(사실 질문, 심화 질문, 적용 질문, 종합 질문)를 따라 열여섯 개의 질문을 만들고 함께 나눠 보았답니다.

사실 질문 1 : 위니는 왜 집을 나가서 혼자 살고 싶어 했죠?

사실 질문 2 : 위니는 혼자서 숲에 나갔다가 누구를 만났나요?

사실 질문 3 : 터크 가족이 위니에게 알려 준 비밀은 무엇이었나요?

사실 질문 4 : 노란 옷의 사내가 위니 가족에게 접근한 이유는 무엇이었나요?

심화 질문 1 : 영원히 사는 것에 대해 터크, 부인, 첫째 아들, 둘째 아들의 생각은 어떻게 달랐나요? 책에서 직접 찾아서 말해 볼까요?

심화 질문 2 : 왜 터크 가족의 집은 항상 지저분하다고 생각하나요?

심화 질문 3 : 왜 터크는 위니를 자기 집으로 데려갔을까요?

심화 질문 4 : (125쪽) 마일스는 위니와 물고기를 잡으러 가서 이렇게 말했어요. "이 세상에 자리를 차지할 바에야 무언가 쓸모 있는 일을 해야 하는 거야."라고요. 마일스가 이야기하는 '쓸모 있는 일'이란 구체적으로 어떤 일들을 말하는 걸까요?

심화 질문 5 : 노란 옷의 사내는 샘물을 팔려고 했죠. 여러분이 샘물의 주인이 되어서 샘물을 팔 수 있게 되면 누구에게 팔 건가요? 그냥 무료로 선물하고 싶은 사람도 있나요? 혹시 팔아서는 안 된다고 생각한다면 그 이유는요?

적용 질문 1 : 영원히 살 수 있다면 어떤 점이 좋을까요?

적용 질문 2 : 영원히 살 수 있다면 어떤 점이 괴로울까요?

적용 질문 3 : 만약 트리갭의 샘물이 한 병 생긴다면, 여러분은 어떤 결정을 하게 될까요? 터크, 부인, 첫째, 둘째, 위니 중 여러분의 생각과 같은 인물은 누구인가요?

적용 질문 4 : 위니는 터크 부인이 감옥에서 탈출할 수 있도록 도왔어요. 여러분이라면 어떻게 도움을 줄 건가요?

적용 질문 5 : 위니는 제시가 준 샘물을 먹지 않았어요. 혹시 위니가 살면서 그것을 후회하지는 않았을까요? 후회했다면 언제 샘물을 마시지 않은 걸 후회했을까요?

종합 질문 1 : 모든 생명은 끝이 있잖아요. 왜 모든 생명에는 끝이 있게 만들어졌다고 생각해요?

종합 질문 2 : 우리에겐 트리갭의 샘물이 없죠. 앞으로도 그런 물은 가지지 못할 겁니다. 우리에게 주어진 시간은 많아 보이지만, 지금 이 순간에도 우리에게 주어진 시간은 줄어들고 있어요. 우리는 우리의 삶에 대해 어떤 태도를 가지고 살아야 할까요?

Tip　모두 열여섯 개의 질문이 있지만 1번 질문부터 16번 질문까지 인터뷰하듯 딱딱하게 진행할 필요는 없어요. 아이들이 질문에 대답하면서 자연스럽게 어른에게 다른 질문을 할 수도 있으니, 질문의 순서는 당연히 바뀌게 됩니다. 또 답변하다 보면 다른 질문에 대한 답도 겸해서 할 수 있어서 중복된 질문이 생길 수도 있어요. 너무 질문의 순서와 개수에 사로잡히지 않으셨으면 좋겠습니다. 하지만 마지막 종합 질문 1과 종합 질문 2는 앞에서 아이들이 다른 질문의 대답 속에서 언급했다고 하더라도, 다시 한번 묻고 정리해서 답하는 시간을 가졌으면 좋겠어요. 결국 종합 질문 1과 2를 묻고 답하기 위해 나머지 열네 개의 질문이 존재하는 것이니까요.

실제 대화 엿듣기

어른 1 : 영원히 살 수 있다면 어떤 점이 좋을까요?

아이 2 : 음, 일단 조심성이 부족한 사람이라도 절대 죽지 않으니까 위험한 일도 잘할 수 있다는 것?

아이 1 : 맞아요. 태양 가까이에 가도 타 죽지 않으니까 태양 구경도 할 수 있겠어요. 사랑하는 사람들이랑 헤어지지 않는다는 것도 너무 좋은 점이죠.

아이 2 : 맞아요. 엄마, 아빠랑 평생 같이 살 수도 있어요. 병에 걸리면 어떡하지? 사고를 당하면 어떡하지? 이런 걱정도 안 해도 되니까 너무 좋을 것 같아요.

아이 1 : 걱정하는 데 시간을 쓰지 않으니까 좋겠어요. 아, 그리고 엄청나게 유명해질 수 있을 것 같아요. 전 세계에서 유일하게 절대 죽지 않는 사람이니까, 사람들이 신기해하면서 막 비결을 물어보고 방송 출연도 하고 그러지 않을까요?

아이 2 : 그런데 유명해지는 건 별로 안 좋은 걸 수도?

아이 1 : 그런가?

어른 2 : 마일스 터크가 그랬잖아요. 이왕 이 지구상에서 자리를 차지하게 되었으면 무언가 쓸모 있는 일을 해야 한다고. 죽지 않고 살 수 있게 되었으니까, 나 말고 뭔가 인류를 위해서 봉사할 수 있는 그런 쓸모 있는 일은 없을까요?

아이 1 : 음, 신약 개발을 하는 거예요! 약을 만들고 난 다음에, 그 약이 정말 효과가 있는지 아니면 부작용이 있는 건 아닌지 동물들한테 실험하잖아요? 그걸 우리가 대신하는 거죠. 우리는 어차피 아파도 죽지 않으니까 할 수 있지 않을까요?

아이 2 : 우주 개발을 할 수도 있겠어요. 아무도 화성에 가지 못하는데, 우리는 화성에 다녀오는 거지요, 하하.

Tip 침묵을 너무 두려워하지 마세요! 우리 어른들은 아이들이 대답을 안 하면 괜히 마음이 불안해지는 것 같아요. 혹시 대답하기 어려운 문제인 걸까? 내가 도와주어야 하나? 이런 생각이 들면서 질문을 던지자마자 아이들의 침묵에 돌을 던지곤 해요. 그런데 아이들도 충분히 생각할 시간이 필요하답니다. 아이들의 침묵 시간을 두려워하지 마세요. 충분히 시간을 제공해 주세요. 또 아이들의 대답 직후, 다음 질문으로 넘어갈 필요도 없습니다. 아이들끼리 티키타카가 잘 맞는 날에는 그냥 아이들끼리 쭉 대화할 수 있도록 놔두세요. 굳이 중간에 끼어들 필요가 없답니다.

실제 대화 엿듣기

어른 1 : 그런데 반대로 영원히 사는 일이 괴로울 수도 있을 것 같은데, 그런 점도 한번 생각해 보죠.

아이 2 : 음, 친구들이 안 죽는다고 놀릴 것 같아요.

아이 1 : 엥? 왜 놀려?

아이 2 : 넌 어차피 안 죽잖아! 막 이러면서 놀릴 수 있지 않을까요? 어떤 애들은 어떤 친구가 다른 평범한 친구들보다 살짝 다르면, 그 다른 걸로 트집 잡아서 놀리고 그러잖아요. 그러니까 '안 죽는 애'라고 막 놀릴 수도 있을 것 같아요.

(침묵 중)

어른 2 : 음, 세상을 살다 보면 사실 기분 좋은 일들만 일어나는 게 아니라 불행한 일들도 종종 생기잖아요. 예를 들어 산불이 난다거나 교통사고가 난다거나? 친한 사람들의 그런 사고를 매번 목격해야 한다는 것. 나는 살지만, 친한 사람들은 죽는 걸 내가 계속 봐야만 한다는 것. 이거 정말 괴롭지 않을까요?

아이 1 : 와, 상상해 보니까 정말 슬퍼요. 나는 살아 있는데 친한 사람들은 다 죽는 것.

아이 2 : 저는 사실 여기 등장인물 중에서 '제시'랑 제일 생각이 비슷했거든요. 죽지 않으니까 세계 곳곳을 여행해 볼 수도 있고, 지구가 폭발해도 우주를 돌아다닐 수 있고, 물속에서도 충분히 살 수 있고요. 새로운 세상을 발견할 수 있으니까요. 그런데 안 좋은 점도 있긴 하네요.

명장면, 명대사 찾기

이 책을 읽으면서 제일 감동받았던 장면, 재미있었던 장면이나 대사, 문장들을 떠올려 보고 각자 돌아가며 말해 봅시다. 아이들이 꼽은 명장면, 명대사가 꽤 많았는데, '인생은 즐기기 위한 거잖아!'라는 말이 기억에 남는다고 많이 말해 주었어요. 여러분의 멤버들과도 꼭 나눠 보세요.

이 그림책으로 마무리!

이 책을 읽고 독서 모임을 준비하면서 계속 머릿속에 떠오르는 그림책이 한 권 있었어요. 제가 참 좋아하는 그림책이었는데, 그 내용이 살짝 어두워서 겁이 많은 저희 아이들에게 쉽게 읽어 줄 수가 없었던 책입니다. 바로 엘리자베스 헬란 라슨의 그림책《나는 죽음이에요》입니다. '죽음'이 아주 담백하게 자신의 이야기를 들려주지요. 독서 모임을 하고 난 뒤, 이 그림책을 읽으면 죽음이라는 게 마냥 두렵거나 슬퍼할 만한 건 아니라는 생각도 든답니다. 이 책과 함께 읽을 수 있는 또 다른 쌍둥이 책으로 같은 작가가 쓴《나는 생명이에요》라는 책도 있어요. 모든 것에게 하나씩 깃들어 있는 생명이 따뜻한 메시지를 들려주니 이 그림책도 함께 보면 좋을 것 같아요.

[2] – 《해리엇》

글쓴이	한윤섭
그린이	서영아
펴낸 곳	문학동네
출간연도	2011년
키워드	#진화론 #찰스다윈 #자유 #비글호 #진정한어른

　극작가와 공연 연출가, 아동 문학 작가로 활동하고 있는 한윤섭 작가의 책《해리엇》으로 독서 모임을 가졌습니다. 한윤섭 작가의 책은 시공간을 넘나들며 선 굵은 메시지를 전달하는 것이 특징입니다. 이번 책도 분명 아이들과 어른들 모두에게 묵직한 여운을 선물해 줄 거라는 기대가 있었어요. 어린 원숭이 찰리와 그 곁을 묵묵히 지켜 주는 늙은 거북 해리엇의 이야기가 책장을 덮고도 한참 생각에 잠기게 했답니다. 마치 드라마 한 편을 본 것 같은 느낌이 드는 건 이 책의 작가가 극작가로도 활동하고 있는 덕분이겠죠? 실제로 이 책의 희곡 버전도 있으니 그 버전의《해리엇》으로도 읽어 보면 한층 다채로운 책 읽기가 되겠죠?

책의 상세 줄거리 짚고 넘어가기

자바원숭이 '찰리'는 한 어린이에게 입양되었습니다. 그러다 아이가 떠나게 되자 아이의 부모님은 원숭이 찰리를 동물원으로 보내지요. 동물원에 도착한 찰리는 개코원숭이들이 있는 우리에서, 자바원숭이라는 이유만으로 '스미스'라는 개코원숭이 대장에게 늘 당하며 아슬아슬한 하루를 보냅니다. 그러던 어느 날 찰리는 우연히 동물원의 열쇠를 얻게 되는데, 스미스가 이 사실을 알고는 그 열쇠를 찰리에게서 빼앗기 위해 찰리를 더욱 괴롭힙니다. 하지만 그럴 때마다 '해리엇'이라는 갈라파고스 거북이는 찰리를 도와주며 늘 응원하고 위로해 줍니다.

시간이 흘러 어느덧 175년이라는 세월을 산 해리엇은 수명을 단 3일을 남겨 두게 되었습니다. 해리엇은 마지막으로 동물원의 모든 동물과 작별 인사를 하길 원해요. 작별 인사를 하며 원래 고향이었던 갈라파고스 이야기를 들려줍니다. 해리엇의 생명이 단 하루 남은 날, 자바원숭이 찰리는 자신이 가지고 있던 열쇠를 이용해서 동물 친구들과 함께 동물원 문을 열고, 해리엇을 고향으로 데려다주기로 결심하죠. 동물원 친구들의 도움으로 해리엇은 그토록 그리워했던 자신의 고향 바다로 갑니다.

내용 이해를 도울 수 있는 배경지식 짚고 가기

《해리엇》은 배경에 집중해 볼 필요가 있는 책입니다. 물론《해리엇》속의 등장인물 또한 우리에게 생각할 거리를 던져 주는 너무나 임팩트 있는 존재지만요. 이 책에 관한 배경지식을 알고 난 뒤 책을 다시 읽으면 독서 모임이 훨씬 더 풍성해질 수 있습니다.

해리엇은 실제로 175년의 삶을 산 갈라파고스 거북이입니다. 진화론의 창시자 찰스 다윈의 거북으로 알려진 해리엇은 천국과 같은 갈라파고스에서 다윈을 만났고, 그 뒤 다윈에 의해 인간 세상으로 오게 되었죠. 해리엇은 호주의 동물원에서 지내다 지난 2006년 수명을 다했습니다. 해리엇을 제외하고 원숭이 찰리를 비롯해 다른 동물 친구들은 작가가 창조해 낸 매력적인 캐릭터들입니다.

워크북에는 찰스 다윈(1809~1882)에 대한 이야기를 담아 놓았습니다. 그리고 실제 호주 동물원에 있던 해리엇의 사진도 넣었어요. 찰스 다윈이 죽고도 해리엇은 백몇십 년을 더 살았다는 것을 알려 주니 아이들이 아주 흥미로워했어요.

'찰스 다윈'에 대한 이야기를 담은 위인전을 미리 대출해 놓는 것도 좋겠습니다. 찰스 다윈이 지은 책인 《비글호 항해기》, 《종의 기원》의 어린이 버전 책도 도서관에 많으니 후속 도서로 추천합니다.

내용 확인을 위한 퀴즈

정답이 정확하게 있는 질문을 '수렴형 질문'이라고 합니다. 책을 읽지 않았다면 당연히 정답을 말하기 어렵습니다. 물론 충분히 정독했다면 쉽게 맞힐 수도 있지요. 그런데 앞서 말씀드렸듯 내용 확인 질문이 독서 모임에서 너무 큰 비중을 차지하면 안 됩니다. 독서 모임이 아니라 '독서 골든벨' 같은 느낌을 주기 쉽기 때문이죠. 시험 같은 느낌을 줄 수 있어요.

그렇다고 수렴형 질문, 즉 내용 확인 질문을 무조건 피할 필요는 없습니다. 굵직한 줄거리를 파악할 수 있는 수준에서 이루어지는 수렴형 질문은 독서 모임에 참여하는 아이들의 부담을 한결 덜어 주기 때문인데요. 너무 많은 개방형 질문은 내 생각을 선별해서 다듬는 고도의 사고 과정이 필요한 일이기 때문에 자칫 피곤함과 부담감을 느끼게 하는 주범이 될 수 있답니다.

저는 워크북에 일곱 개의 내용 확인 질문을 넣었습니다. 하지만 내용 확인 질문은 만들기가 용이하므로 아이들에게 직접 출제를 부탁해도 좋습니다. 아이들이 즉석에서 책을 보면서 뚝딱 만들어 내면 어른들이 맞히곤 했어요. 이 과정도 너무 많은 시간을 투자하지는 않기를 바랍니다.

가치로 알아보는 캐릭터 탐구

그동안 '오각 능력 그래프'로 책 속 등장인물 간의 능력치를 비교해 가며 캐릭터를 탐구했다면, 이 책에 등장하는 등장인물은 그 인물이 추구하는 '가치'가 무엇일지 직접 찾아보는 것으로 탐구 방법을 바꿔 보았습니다. 그동안 독서 모임에서 나눴던 책 속 등장인물은 비교적 차이점이 뚜렷하여 극명하게 차이가 났습니다. 그런데 이 책은 등장인물 간에 극명한 성격 차이가 있다기보다는 서로 같은 처지에 놓인 동물들이라는 공통점 아래, 각자 추구하는 가치가 다르다는 특징이 있는 책입니다. '가치'란 하나의 존재가 제일 중요하다고 생각하는 개념들을 말하는데요. 아직 초등학교 5학년 어린이라 이 세상에 존재하는 수많은 가치의 종류를 말하기에 미숙함이 있을 거라는 예상을 했어요. 그래서 가치의 예를 제시해 주었습니다.

|예시| 가치의 종류

감사	겸손	공평	관용	믿음	보람	사랑
성실	신중	약속	양심	예의	용기	유머
이해심	인내	자신감	정직	존중	책임	친절
행복	경청	끈기	공감	바른 마음	보살핌	부지런함
생명	존중	솔선	아름다움	양보	우정	자유
절약	절제	정돈	즐거움	질서	착한 마음	평화
협동	희망					

아이들은 찰리, 스미스, 해리엇이 추구한다고 생각하는 가치를 여러 개 선택했습니다. 나눔 시간에는 왜 그 가치를 골랐는지 이유를 이야기하는 시간을 가져 봤어요. 등장인물의 어떤 말과 행동에서 그 가치를 느낄 수 있었는지를 이야기 나눴습니다.

이렇게 캐릭터의 가치 탐구를 했던 이유는 결국 '나는 ____ 같은 사람이 되고 싶다.'라는 주제로 이야기 나누기 위함이었는데요. 캐릭터를 정확히 파악해야 내가 닮고 싶은 캐릭터의 이름과 그 이유에 대해서도 정확히 말로 표현할 수 있습니다. 캐릭터 가치 탐구가 먼저! 닮고 싶은 캐릭터 고르기가 나중입니다.

실제 대화 엿듣기

아이 1 : 스미스가 추구하는 가치를 '자유'라고 골라 봤어요. 동물원에 있는 다른 동물들도 마찬가지였겠지만, 스미스는 그중에서도 제일 많이 탈출하고 싶어 했어요. 자유를 좋아했던 것 같아요.

아이 2 : 저는 스미스의 가치로 '자신감'을 골랐어요.

어른 2 : 그 이유를 물어봐도 되나요?

아이 2 : 전체적으로 좀 자신감이 느껴져요. 대장이라서 그런가? 내가 대장이 아니라면 대장을 할 만한 사람이 없다고 생각하니까. 자신감이 넘치는 느낌이라 자신감을 골랐어요.

어른 1 : 우리가 지금 이렇게 각 캐릭터가 추구하는 가치들이 무엇인지 생각해 보는 시간을 가져 봤는데, 이런 생각을 해 보는 건 어떨까요? 내가 닮고 싶은 캐릭터는 이 중에 누구인가. 나는 이 셋 중, 누구의 가치를 제일 존중하는가?

어른 2 : 조금 어려운 질문일 수 있겠어요. 우리 시간을 가지고 메모하면서 정리해 봐요.

(잠시 후)

어른 1 : 누가 먼저 말해 볼까요?

아이 1 : 저는 해리엇 같은 사람이 되고 싶어요. 해리엇 같은 사람이란, 솔선수범하면서 모범이 되는 예의 바른 사람이에요. 해리엇 같은 사람이 있다면 상대방이 화내면서 말해도 화내지 않을 것 같아요. 끝까지 예의를 지킬 것 같아요. 또 다른 사람한테 피해를 주는 행동도 안 할 거고요. 그런 모습이 마음에 들어서 해리엇 같은 사람이 되고 싶어요.

해리엇의 말, 말, 말!

해리엇 같은 사람이 되고 싶다는 아이의 말에 저도 깊은 공감을 했어요. 비록 책 속 해리엇은 인간이 아닌 거북이였지만, 한윤섭 작가의 필력이 훌륭해서인지 해리엇이라는 거북이의 말과 행동이 참 훌륭한 이 시대의 어른 상을 떠올리게 했거든요. 책을 읽고 아이들과 이야기를 나누며 해리엇 같은 어른의 모습으로 늙고 싶다는 생각을 많이 했답니다.

그래서 해리엇이 이 책에서 남긴 명대사를 모아서 함께 낭독하고 싶어졌어요. 그리고 필사하고 싶었습니다. 함께 서로의 목소리로 낭독하고 나서 한동안 조용한 침묵을 느끼자고 했어요. 해리엇의 말을 내 마음속에 잠시 머물게 하는 거죠. 이 과정이 정말 행복했습니다. 독서 모임이 아니었다면 딸과 이런 따뜻한 공기를 나눌 수 없었을 거라는 생각에 더욱 뿌듯했어요.

[3] – 《드림 하우스》

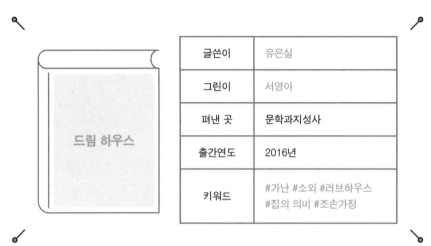

글쓴이	유은실
그린이	서영아
펴낸 곳	문학과지성사
출간연도	2016년
키워드	#가난 #소외 #러브하우스 #집의 의미 #조손가정

드림 하우스

정말이지 유은실 작가는 '재미난 이야기꾼'이 분명합니다. 유은실 작가의 다른 책들도 보면 유은실 작가 특유의 유머와 위트, 재미와 감동이 있거든요. 이번에도 우리 사회 속 외로운 곳을 찾아 그들의 아픔을 만져 주며 웃음과 감동을 전해 주었습니다. 바로《드림 하우스》로요! 아이들은 이 책으로 유은실 작가의 팬이 되었고요. 어른들도 함께 빠져들었습니다. 그리고 2년 뒤,《순례 주택》으로 또 한 번 독서 모임을 했었는데요. 눈물 쏙 빼는 재미와 감동이 역시나 그대로였습니다. 유은실 작가의《드림 하우스》가 여러분의 아이들에겐 어떤 의미로 다가갈지 궁금하지 않으세요?

책의 상세 줄거리 짚고 넘어가기

반달시 뒷동 223번지에 사는 곰 가족 보람이네의 이야기입니다. 텔레비전 보는 것이 취미인 증조할머니 곰. 자식 대신 손주를 돌보느라 힘든 일도 마다하지 않는 할머니 곰, 가난하지만 품위를 잃고 싶지 않은 '너의 보람'과 멋진 오토바이를 타는 경찰이 되고 싶은 '너의 보루'. 여기에 앞집에 사는 멋지고 정 많은 골짜기 아줌마까지! 낡고 좁은 집에서 서로 어깨를 부딪치며 몹시 가난하게 살아가는 보름달가슴곰 가족에게 기적 같은 일이 일어납니다. 골짜기 아줌마가 제안을 한 것이죠. 바로 TV 프로그램인 〈드림 하우스〉에 사연을 신청해 보자고요. 그 프로그램은 방송국에서 가난한 집을 무료로 새집처럼 고쳐 주는 프로그램이었어요.

보람이네는 집을 리모델링할 기회를 얻게 되지만, 방송국 피디는 작위적인 이야기와 행동을 요구합니다. 시청률을 올려야 했기 때문이죠. 하지만 보람이는 이런 피디의 요구를 들어주지 않아요. 보람이네의 드림 하우스는 방도 세 개나 생기고 깨끗해졌지만, 이전과 다를 바가 없습니다. 집은 좋아졌지만 여전히 가난하니까요. 오히려 보람이는 예전에 살던 허름한 집이 가끔 그립기도 합니다.

〈러브하우스〉를 아시나요?

유은실 작가는 MBC 예능 프로그램이었던 〈러브하우스〉를 보면서 이 책을 써야겠다고 다짐했다 해요. 〈러브하우스〉는 눈물 없이 볼 수 없는 사연을 가진 일반인의 주택을 고쳐 개조해 주는 프로그램이었습니다. 어려운 생활 환경 속에서 꿋꿋이 자기 인생을 사는 사람들에게 깨끗하고 아름다운 집을 선물함으로써 감동을 주는 프로그램으로 기억하고 있어요.

독서 모임을 하면서 아이들에게 책 속 〈드림 하우스〉라는 프로그램이 실제 〈러브하우스〉라는 이름으로 존재했다고 알려 주었는데, 엄청나게 흥미로워했답니다. 워크북에는 〈러브하우스〉 프로그램에 대해 조금 더 자세히 실어 놓았습니다.

어휘 내 것으로 만들기

이 책은 곰을 의인화해서 쓴 책입니다. 곰이라는 설정만 있을 뿐, 사실 곰을 사람으로 대체해도 아무 무리가 없습니다. 그만큼 작가는 이 책에서 상당히 적극적인 의인화 장치를 사용했어요. 인간 세상에 존재하는 것들을 재치

곰 세상	사람 세상
TV 프로그램 〈슈퍼곰과 함께〉	TV 프로그램 〈슈퍼맨이 돌아왔다〉
TV 프로그램 〈나는 자연곰이다〉	TV 프로그램 〈나는 자연인이다〉
커푸	커피
비발두의 봄	비발디의 봄
노곰	노인
발사래	손사래
곰기척	인기척

있게 패러디한 부분도 눈에 많이 띄는데요. 이런 것을 발견해 가며 책을 읽으면 재미도 두 배가 됩니다.

그리고 책을 읽는 도중 은근히 까다로운 어휘들이 있다는 것을 발견하고, 오랜만에 어휘를 짚고 넘어가는 코너를 준비해 보았습니다. 특히 아이들이 '닷새'라는 어휘를 쉽게 추측하지 못하는 점이 의외였는데요. 닷새라는 어휘를 배운 김에, '하루(1일), 이틀(2일), 사흘(3일), 나흘(4일), 닷새(5일), 엿새(6일), 이레(7일), 여드레(8일), 아흐레(9일), 열흘(10일)'까지 익혀 보고, '보름(15일)'과 '달포(한 달)'도 언급해 주었습니다. '사흘'이 4일이 아니라 3일이라는 점에 아이들이 적잖은 충격을 받은 듯했어요.

생각을 키우는 이야기 나누기

이 책은 곰을 의인화하여 인간 세상의 부조리함을 비춘 책이라, 하브루타 방식으로 이야기 나누기에 좋은 책입니다. 하브루타는 앞서 《트리갭의 샘물》에서 소개했듯 좋은 질문을 할 줄 알아야 하고, 그에 따른 답변을 주고받는 유대인들의 공부법입니다. 무엇보다 아이들의 입이 열려야 다양한 생각을 말로 할 수 있는 만큼 아이들의 대답을 경청해 주어야 해요. 적절한 감탄과 칭찬 한 스푼도 필수 옵션입니다. 하브루타의 질문 단계(사실 질문, 심화 질문, 적용 질문, 종합 질문)를 따라 열한 개의 질문을 만들고 함께 나눠 보았답니다.

사실 질문 1 : (8쪽) 보람이는 〈슈퍼곰과 함께〉라는 프로그램을 싫어합니다. 반면에 증조할머니 곰과 보루는 아주 재미있게 시청하죠. 보람이가 이 프로그램을 싫어하는 이유는 무엇인가요?

적용 질문 1 : 여러분도 혹시 〈슈퍼맨이 돌아왔다〉를 보면서 보람이와 비슷한 생각이나 느낌을 받은 적이 있나요?

사실 질문 2 : (13쪽) 보람이는 작은방, 짐과 짐 사이의 틈, 옷걸이 아래 빈 공간을 무엇이라고 불렀나요?

심화 질문 1 : (13쪽) 보람이는 '나의 동굴'에서 어떤 것을 얻을 수 있었나요?

적용 질문 2 : 보람이는 '나의 동굴'에서 편안함과 따뜻함, 그리고 위로를 얻습니다. 여러분에게도 힘들고 지칠 때, 편안함과 따뜻함을 느낄 수 있는 '나의 동굴' 같은 공간이 있나요? 없다면 편안함과 따뜻함을 느낄 수 있는 물건이 있나요? 여러분은 어떤 것으로 위로를 얻나요?

심화 질문 2 : (117쪽) 〈드림 하우스〉 피디는 보람이네 가족에게 왜 그렇게 눈물을 흘려야 한다고 강요한 걸까요?

심화 질문 3 : (114쪽) 피디와는 달리 보람이의 마음을 대변해 주는 등장인물이 있었어요. 그 인물은 누구였죠? 피디와 이 인물이 서로 말다툼하는 걸 본 보람이는 어떤 마음이었을까요?

적용 질문 3 : (28쪽) 교통사고, 화재로 인해 다치거나 죽는 곰들의 끔찍한 뉴스에 증조할머니는 그런 끔찍한 뉴스에도 아무런 슬픈 느낌이 없는 자신이 이상하다고 말해요. 우리도 혹시 그러진 않나요? '남의 일일 거야.', '이 뉴스는 내 일이 아니야.' 라고 그냥 흘려보내거나 아무렇지 않게 생각한 적이 있나요?

심화 질문 4 : (51쪽) 보람이는 집지마다 켜진 불빛을 보고선 '아름답다'라고 말하고 있어요. 보람이는 왜 이날, 불빛을 아름답다고 느낀 걸까요?

심화 질문 5 : (63쪽) 드디어 〈드림 하우스〉에 출연하게 된 보람이네! 증조할머니와

할머니는 기쁨의 눈물을 흘리는데, 보람이의 마음은 복잡하기만 해요. 보람이는 지금 어떤 마음일까요?

종합 질문 1 : 피디는 눈물을 계속 요구했지만, 보람이는 시키는 대로 하지 않았어요. 그러자 방송 직후, 시청곰 게시판은 집을 고쳐 준 것에 대해 감사하고 감격할 줄 모른다느니, 울지 않았다느니, 품위 있는 어른이 되고 싶다는 소리 좀 작작 하라느니 등의 불만으로 가득 차요. 가난한 집에서 산다고 해서 무조건 슬퍼해야 할까요? 가난하다고 해서 품위 있는 꿈을 꿀 수 없는 건 아니라고 생각하는 보람이에 대해 여러분은 어떤 생각이 드나요?

> **Tip** 꼭 위와 같은 순서로 문답을 진행할 필요는 없습니다. 자유롭게 책 이야기를 나누세요. 위의 질문은 하나의 예시일 뿐이니까요. 위 질문을 하나도 빠짐없이 모두 해야 하는 것도 아니니, 아이들이 질문에 대한 답을 제대로 하지 못한다고 해서 집요하게 그 질문에 대해서 파고들지 않아도 됩니다. 아이들이 대답하기 어려워하는 질문은 어른이 대답하는 역할을 한번 해 보는 것도 좋겠습니다.

실제 대화 엿듣기

아이 1 : 솔직히 저는 그렇게 생각한 적이 엄청 많아요. 뉴스 같은 걸 보면 교통사고가 나고, 도둑을 맞고 그러잖아요. 그런 뉴스를 보면 내 이야기라는 생각이 잘 안 들어요. 불쌍하다는 생각을 하긴 하지만.

어른 1 : 엄마도 사실 모든 뉴스가 다 내 이야기, 내 가족 이야기라고 생각하진 않는 것 같아요.

아이 2 : 그런데 말이에요. 저는 좀 일부러 그렇게 생각하기도 해요. 안 좋은 뉴스들이 내 이야기라고 생각하면 마음이 너무 무섭달까. 그 일이 우리 가족한테 일어난다고 생각하면 정말 밤에 잠도 못 잘 것 같아요.

어른 2 : 그렇긴 하겠어요. 그러면 이번에는 '나의 동굴'에 대해서 이야기를 나눠 봐요. 나의 동굴이 뭐였는지 기억해요?

아이 1 : 보람이가 집에서 유일하게 위안을 얻는 곳?

아이 2 : 엄청 좁고 구석진 곳인데, 거기 들어가서 오히려 쉬는 곳?

어른 1 : 맞아요. 딱 그런 곳. 여러분한테도 있어요?

아이 1, 2 : 딱히 없는 것 같은데.

어른 2 : 그럼, 어떤 장소는 아니더라도 편안함이랑 따뜻함을 가져다주는 물건이 있을까요?

아이 1 : 저 그건 있어요. 인형 친구들. 미피, 미프. 여행 갈 때도 가져가요. 제 동생은 코끼리 베개. 태어난 날부터 썼던 베개인데 막 짜증 나고 슬플 때 그 베개에 얼굴을 파묻어요.

마무리 생각 나누기

〈드림 하우스〉라는 프로그램 덕분에 보람이네는 멋지고 훌륭한 새집을 얻게 되었습니다. 하지만 새집이 생겼다고 해서 보람이네가 가난했다가 갑자기 부자가 된 건 결코 아니었어요. 집만 바뀌었을 뿐, 보람이네는 여전히 가난했고, 아껴 써야 했어요. 깨끗한 집에 산다고 무조건 행복해지는 건 아니었습니다.

　이런 이야기를 나누다가 아이들에게 속담 하나를 소개해 주었고, 뜻을 유추해 보라고 했습니다. 바로 '빛 좋은 개살구'인데요. 개살구나무 열매를 개살구라고 해요. 개살구는 빛깔이 아주 고와서 다른 살구나무보다 훨씬 더 맛있어 보이지만, 막상 먹어 보면 오히려 더 맛이 없고 떫죠. 그래서 겉만 번지르르할 뿐, 실속은 없는 경우에 이 속담을 주로 씁니다. 이 속담의 뜻을 아이들이 먼저 유추하게 한 뒤에, 어른들이 위와 같이 안에 담긴 뜻을 다시 한번 정확히 짚어 주었습니다.

　그러고 나서 깨끗하고 훌륭한 집에 사는 것보다 더 중요한 것이 있다면 그것은 무엇인지에 대한 서로의 생각을 나눠 봤어요. '자신감, 나, 가족, 친구 그리고 삶' 아이들이 말한 답이었습니다. 어떤가요? 이 책을 그냥 읽고 지나갔다면 아이들과 이런 소중한 가치에 대해 절대 이야기 나눌 수 없었겠지요. 깨끗하고 훌륭한 집보다 중요한 건 '삶' 그 자체라는 사실을 말입니다. 그 삶을 사는 주체인 우리 자신이 중요한 것임을 아이들과 나눌 수 있었어요. 그리고 우리 어른들도 배울 수 있었답니다. "사는 동네, 사는 곳이 중요한 게 아니라, 그 안에 누가 사느냐가 더 중요한 것이었지?"라며 미소 지을 수 있었어요.

[4] - 《무기 팔지 마세요!》

글쓴이	위기철
그린이	이희재
펴낸 곳	현북스
출간연도	2020년
키워드	#비무장 #평화 #투쟁

《반갑다, 논리야》를 기억하시나요? 저는 어린 시절 위기철 작가의 〈논리 시리즈〉를 정말 재밌게 읽은 기억이 있어요. 이 책은 위기철 작가의 동화입니다. 장난감 권총으로 쏜 플라스틱 비비탄을 얼굴에 맞고 친구들과 '평화 모임'을 만든 대한민국 보미의 이야기와 무기 판매 금지를 전 세계 사람들에게 알리는 미국 제니의 이야기랍니다. 장난감 이야기가 나오고 무기(총) 이야기가 나와서 그런지, 이 책은 우리 딸들과 함께 독서 모임을 했을 때보다 학교 독서 모임에서 더 재미있었던 기억이 납니다. 남자아이들의 열띤 참여가 기억에 남네요!

책의 상세 줄거리 짚고 넘어가기

책의 전반부에는 보미 이야기가 나옵니다. 경민이가 장난감 총으로 쏜 비비탄을 얼굴에 맞은 보미는 화를 내며 항의하지만, 경민이를 비롯한 남자아이들은 오히려 당당합니다. 결국 보미는 '평화 모임'이라는 단체를 만들고, 선생님의 허락을 받아 학교에 '장난감 무기 수거함'을 설치합니다. 보미와 평화 모임 친구들은 시간이 흐를수록 힘을 얻어, 나중에는 더 많은 친구들과 함께 학교 앞 문방구에 가서 장난감 무기를 팔지 말라는 시위까지 합니다. 신문에 실린 보미 이야기는 경민이를 비롯한 다른 남자아이들도 뜻을 함께해 '평화 모임' 홈페이지까지 만들게 되지요.

책의 후반부에는 미국의 제니 이야기가 나옵니다. 제니는 인터넷 검색을 하다가 '무기 팔지 마세요!'라는 내용이 쓰여 있는 팻말을 든 보미를 발견합니다. 총기 사고가 일어나는 미국에서는 보지 못한 모습이었기 때문에 제니는 학교에서 무기 판매 금지 내용을 발표하기로 마음먹습니다. 제니의 발표는 여러 사람의 관심을 받고 마침내 제니는 유명 TV 프로그램에 출연하게 됩니다. 무기를 판매하지 말라는 제니의 주장은 미국 전체로 퍼져 나가서 많은 사람들의 공감을 얻게 됩니다.

사건 탐구 1

보미의 고발로 장난감 총을 학교에 가지고 오지 못하게 되어 화가 난 진만이는 몰래 보미에게 비비탄을 쏩니다. 결국 보미는 진만이 엄마를 찾아가

총을 더 이상 사주지 않기를 부탁해요. 그런데 진만이 엄마의 반응이 의외입니다. 장난감 총일 뿐이고, 사람에게 쏘지 않는 조건이라면 괜찮지 않냐며 장난감 총을 야구공에 비유합니다.

심화 질문 : 보미와 진만이 엄마의 대화를 읽으면서 좀 더 공감되는 쪽이 어디였나요?

적용 질문 : 보미를 대변한다면 또는 진만이 엄마를 대변한다면 뭐라고 말했을 것 같아요?

종합 질문 : 요즘엔 인터넷상으로 총싸움하는 컴퓨터 게임도 많잖아요. 영상이 정말 실감 나니까 사람들이 굉장히 많이 빠져들지요. 실물 총은 없지만, 인터넷으로 총싸움하는 것에 대해서는 어떻게 생각하나요?

실제 대화 엿듣기

아이 : 인터넷으로 총싸움하는 이유가 있겠죠. 스트레스가 풀릴지도 몰라요. 진짜로 사람을 죽이는 건 아니니까 안심하면서 게임을 할 수도 있고? 아니면 진짜 전쟁이 일어났을 때를 대비해서 총 쏘는 연습이 될 수도 있으려나?

어른 : 오, 그럼 지윤이는 인터넷 총싸움은 찬성하는 입장이네요?

아이 : 아, 그건 아녜요. 인터넷 총싸움도 똑같이 마음을 해칠 것 같아요. 폭력성이 높아질 수도 있고, 아무리 가짜이고 가상이긴 하지만 총을 쏘는 일을 아무렇지도 않게 생각하게 될 것 같아서요.

사건 탐구 2

미국의 제니는 총기 소유를 반대하는 내용의 발표를 합니다. 142~146쪽에 나오는 제니의 발표를 다시 읽어 보고, 미국이 총기를 소유하는 걸 허락한 뒤에 생긴 문제점에 대해 말해 봅시다.

심화 질문 : 미국이 총 때문에 겪는 문제점이 무엇이라고 제니가 말하고 있나요?

적용 질문 : 총기 난사 사고로 희생당한 한국인 뉴스를 읽어 보세요. 특히 요즘은 아시아인을 향한 총기 사고도 잦다고 하는데, 이것에 대해서 어떻게 생각하나요?

종합 질문 : 총기 규제Gun control vs 총기 소유Gun right 양측의 입장을 알아보고, 입장을 결정해 보세요.

사건 탐구 3

보미와 제니, 이들에게는 공통점이 있습니다. 모두 여러 사람에게 영향을 미쳤다는 사실입니다. 여러 사람의 마음을 움직였어요. '작은 차이에 따라 결과가 달라질 수 있는 것'을 '나비 효과'라고 합니다.

종합 질문 : 보미와 제니를 나비 효과와 어떻게 연결 지을 수 있을까요?

이 책으로 마무리!

《그레타 툰베리》는 스웨덴의 청소년 환경 운동가인 그레타 툰베리의 이야기가 담긴 그림책입니다. 학교에 가지 않고 스웨덴 국회의사당 앞에서 기후 변화 대책 마련을 촉구하는 1인 시위를 했죠. 그리고 유엔기후변화협약 당사국총회에서 연설하는 그레타 툰베리의 모습이《무기 팔지 마세요!》의 보미와 제니를 닮았습니다. 이 책을 읽으며 '온 가족 책 읽기'를 마무리해 보세요.

[5]-《갈매기에게 나는 법을 가르쳐준 고양이》

글쓴이	루이스 세풀베다
그린이	이억배
옮긴이	유왕무
펴낸 곳	바다출판사
출간연도	2021년
키워드	#자연보호 #우정 #존재 #바다

일단 제가 이 책을 참 감명 깊게 읽었습니다. 맨 마지막 장에서는 눈물이 나서 혼났어요. 워크북을 만들기 위해 책을 여러 번 읽었는데, 그때마다 마지막 장은 제게 눈물 버튼이었어요. 아이들도 책의 초반은 조금 어려웠다고 했지만 뒤로 갈수록 빠져들었고, 여러 번 다시 읽어도 좋다고 말했습니다. 다만 칠레 작가의 작품이다 보니 아무래도 등장인물의 이름을 낯설어하긴 했어요. 이 책은 '환경 오염'이라는 묵직한 주제를 고양이와 갈매기의 우정이라는 이야기로 풀어낸 감동적인 동화입니다. 한때 초등학교 국어 교과서에 실렸을 정도로 아이들의 교육과 성장을 위한 필독서입니다. '온 가족 책 읽기'에서는 이 동화책을 또 어떻게 풀어냈을지 궁금하시죠? 자, 이제부터 저를 따라오세요!

책의 표지 이야기 나누기

책의 표지에 대한 이야기를 나누며 독서 모임을 시작해 봅니다. 책의 표지를 처음 봤을 때 어떤 느낌이었는지 서로 물어봅니다. 표지에 등장하는 동물들의 표정에도 주목해 봅니다. 동물, 특히 고양이를 좋아하는 친구들이라면 고양이들의 진지한 표정에 대해 할 말이 많을지도 몰라요.

우화 소설에 대하여 이야기 나누기

책의 표지에 동물이 등장하기 때문에 자연스럽게 '우화 소설'에 대한 이야기로 넘어갈 수 있습니다. 우화 소설은 동물을 사람인 것처럼 의인화해서 쓴 소설을 말하죠. 아이들에게 굳이 동물을 사람인 것처럼 의인화해서 글을 쓰면 좋은 점에 관해서 물어봅니다. 대개는 이렇게 답할 겁니다.

"음…. 귀엽잖아요. 사람보다 훨씬?!"

맞아요. 동물이 주인공이면 훨씬 귀엽습니다. 그래서 한결 글이 친숙한 느낌을 줘요. 사람들로 하여금 읽고 싶게 만드는 매력이 있어요. 동물의 모습을 보면서 사람들이 반성할 수 있고 교훈을 얻을 수 있죠. 아이들에게 이제까지 읽어 본 우화 소설 중에 제일 기억에 남는 우화 소설을 떠올려 보라고 말해 보세요. 《토끼와 거북이》, 《은혜 갚은 까치》, 《아기 돼지 삼형제》 등 아이들이 읽은 우화 소설이 꽤 많다는 걸 알게 될 겁니다.

작가에 대하여 이야기 나누기

이 책의 작가는 '루이스 세풀베다'입니다. 칠레의 독재 정권에 맞서 오랜 시간 투쟁했던 소설가이자 영화감독이라고 해요. 또 환경 운동가이기도 했습니다. 그런데 코로나19 바이러스가 최고로 기승을 부리던 시기, 코로나19 바이러스에 감염되어 6주간 투병하다 세상을 떠났다고 해요. 독서 모임을 진행했던 시기가 마침 그 시기라 작가에 대한 이야기도 잠시 나누었습니다.

책의 줄거리 나누기

끈적끈적한 기름때를 온몸에 묻힌 갈매기 한 마리. 힘을 다해 육지로 날아가다 결국 함부르크 항구의 어느 집 발코니에 추락하게 되고, 그곳에서 검은 고양이 소르바스와 만나게 됩니다. 그리고 고양이 소르바스는 죽어 가는 갈매기에게 세 가지 약속을 하죠(아이에게 "약속이 뭐였지? 기억나?"라고 질문할 수 있겠죠).

첫째, 갈매기가 낳게 될 알을 먹지 않을 것.

둘째, 알을 잘 돌봐서 부화할 수 있게 할 것.

셋째, 새끼 갈매기가 태어나면 나는 법을 가르칠 것.

소르바스는 친구들의 도움을 받아 알을 부화시키고, 새끼 갈매기 아포르뚜나다와 함께 지내면서 온갖 난관을 극복해 갑니다. 그런데 새끼 갈매기에게 나는 법을 가르친다는 세 번째 약속이 너무나 어려웠어요("소르바스가 생각해 낸 방법이 뭐였지?"라고 질문해 볼 수 있겠죠). 결국 소르바스는 인간에게 도움을 받기로 합니다. 그러나 '인간과 소통해서는 안 된다.'라는 규칙이 문제였습니다. 마침내 항구의 고양이들은 소르바스에게 인간의 도움을 받아도 좋다는 결정을 내렸고, 소르바스는 한 시인에게 도움을 청해요. 마침내 아포르뚜나다는 난간을 박차고 비가 내리는 밤하늘을 세차게 가르며 날아오릅니다. 소르바스는 끝내 약속을 지켜 냈어요.

사건 탐구 - 유조선 사고

　　사실 질문 1 : 아주 심각한 사건이 일어났어요. 어떤 사건이 일어났지요?

　　사실 질문 2 : 이런 사고를 무엇이라고 하는지 알고 있나요?

　　심화 질문 1 : 유조선은 몸체를 이중으로 만드는 것이 법으로 정해져 있다고 해요. 왜 이중으로 만들어야 하는 걸까요?

　　심화 질문 2 : 유조선에는 한 번에 최대한 많은 양의 석유를 실은 상태로 수송한다고 해요. 그래서 큰 유조선은 길이가 에펠탑 높이를 넘는다고 하지요. 왜 이렇게 많은 기름을 한꺼번에 수송하는 걸까요?

　　적용 질문 1 : 우리나라에도 유조선 사고가 있었는지 인터넷을 검색해 봅시다.

고양이 소르바스에 대하여

　　사건 중심으로만 이 책을 살필 수는 없습니다. 그러기에는 이 책의 주인공 고양이 소르바스가 우리에게 전하는 메시지가 대단하기 때문이에요. 고양이 소르바스의 성격에 대해 짚고 넘어가면서 평소 내 모습과 비교해 보는 시간을 가져 보세요.

실제 대화 엿듣기

아이 : 154쪽은 정말 제일 감동적인 부분이었어요.

어른 : 맞아요, 엄마도 그랬어요. 소르바스는 정말 응원을 잘해 줘요. 친구 중에도 있잖아요. 으쌰 으쌰 응원을 잘해 주는 친구.

아이 : 아, 맞아요. 우리 반 선생님이 소르바스 같이 엄청나게 응원을 잘해 줘요. 할 수 있다고 계속 말해 주고요. 소르바스는 말을 굉장히 예쁘게 하기도 해요. 물론 이 게 소설 속 대사니까 그런 거겠지만, 이 부분에서 소르바스가 평소에 얼마나 좋은 성격을 가졌는지 알 수 있었어요.

문장 수집으로 마무리

이 책에는 유난히 마음을 움직이는 좋은 문장들이 참 많았어요. 그래서 좋았던 문장을 수집하고 서로 뽑은 문장을 낭독하며 독서 모임을 마무리했습니다.

시사 이슈 중심의
책을 읽어 봅시다

5학년 '온 가족 책 읽기'를 사건 중심의 책으로 진행한 이유가 있습니다. 사건의 원인과 결과를 파악할 수 있어야 그로 인한 자신의 견해를 비판적으로 세울 수 있기 때문이죠. 5학년에서 사건 중심의 책을 읽으며 독서 모임으로 그 연습을 했다면, 6학년은 좀 더 깊어질 필요가 있습니다. 따라서 시사 이슈가 담긴 책으로 '온 가족 책 읽기'를 진행해 보세요.

아이들 책이 그저 재미와 유머로만 점철되어 있다고 생각한다면 그것은 굉장한 오해입니다. 아이들 책에도 굵직한 생각 거리와 토론 거리가 많이 있는데요. 고학년 문고로 갈수록 우리 아이들이 알아야 할 사회, 문화 이슈가 확고히 드러나 있습니다.

시사 이슈에 대해 찬반 토론이 가능한 책을 읽는다

6학년쯤 되면 아이들도 알고 있습니다. 찬반 토론을 할 때 막무가내로 우긴다고 결코 이길 수 없다는 것을요. 목소리가 크고 또랑또랑한 게 설득의 중요한 요소이긴 하지만, 사건의 핵심을 정통으로 파악하는 게 훨씬 더 중요하다는 것을요.

그래서 독서 모임을 진행할 때는 단순히 이기기 위해 말하지 않아야 합니다. 나와는 완전히 반대 입장의 의견이어도 존중할 수 있는 태도가 필요하죠. 상대의 이야기에 승복할 수 없다고 우겨도 안 됩니다. 상대를 설득하기 위해 내 말만 해서도 안 되죠. 상대방의 이야기를 일단 들어야 합니다. 나와는 상관없는 이야기라며 귀 기울이지 않으면, 오히려 역공을 당하기 쉽다는 걸 독서 모임을 통해 알게 될 거예요.

찬반 토론이 익숙하지 않은 어린이의 경우, 자기 생각을 세우는 것에 익숙하지 않습니다. 그래서 상대방의 의견을 듣자마자 일방적으로 동의해 버려요. "맞아! 나도 그렇게 생각해요! 나도 엄마랑 같은 이유예요!"라고요. 자기의 의견은 이미 얕은 거라고 생각해 버리는 거죠. 이렇다 보니 친구가 다른 의견을 제시하면 어떠한 사유 없이 일방적으로 따라 해 버립니다. 남의 생각이 내 생각이 되는 셈이죠.

짤막한 이야기라도 내 이야기로 사유하고 음미할 수 있다면 얼마나 좋을까요? 책을 여러 번 읽고 책 속 이야기에 내 마음을 오롯이 담아 집중하며 '온 가족 책 읽기'를 진행해 보세요. 아이들의 비판적 시각이 어느새 자라고 있는 걸 느끼게 될 거예요.

독서 모임 진행은 이렇게

'온 가족 책 읽기'의 진행은 다음의 다섯 가지 정도의 단계를 거치면 좋습니다.

해시태그 써 보기

해시태그 모두 아시죠? SNS를 하는 사람이라면 모를 수 없는 해시태그! 해시태그는 메타데이터 태그로 SNS나 블로그에서 특정한 주제나 내용을 쉽게 찾을 수 있도록 해 주죠. 6학년 어린이는 책의 총평을 해시태그로 정리해 봄 직합니다. 결국 한 문장으로 독서 소감을 쓰는 건데 해시태그라는 것 자체를 아이들이 굉장히 재미있어해요.

장별 줄거리 요약하기

6학년 국어 교육 과정에는 '요약하기'가 필수 성취 기준으로 등장합니다. 호흡이 긴 글을 읽고 한두 줄의 문장으로 요약해 보는 연습은 필수입니다. 이 연습을 꾸준히 하면 처음 보는 긴 글도 당황하지 않고 읽어 낼 수 있죠. 다만 장의 개수가 많으니 독서 모임에 참여하는 인원수만큼 나눠서 해 보면 좋겠죠?

인상 깊었던 장면에 관해 이야기 나누기

독서 모임에 익숙해진 6학년 어린이라면(혹시 독서 모임이 처음인 6학년이라도), 인상 깊었던 한 장면을 뽑아 그 장면을 마주했을 때 나의 감상을 말하는 일이 어렵지 않습니다. 단순히 "재미있어서요." 혹은 "그냥요."가 아니라, 그 인물의 대사가 나에게 어떤 영향을 주었는지까지 이야기할 수 있도록 편안한 분위기를 유도하는 것이 좋습니다.

미니 토론

6학년 '온 가족 책 읽기'의 핵심 코너라고 할 수 있겠습니다. 시사 이슈에 대한 상황을 객관적으로 이해한 뒤, 나의 주관을 세워 이야기해 보는 시간이지요. 아이가 엄마의 의견을 따라오려고 할 수도, 무작정 반대하는 의견을 말하려고 할 수도 있습니다. 하지만 횟수를 거듭하다 보면 결국 나만의 의견을 세우는 요령이 생깁니다.

소감 말하기

'온 가족 책 읽기'의 마무리는 항상 중요합니다. 오늘 이 모임을 통해 어떤 것을 얻을 수 있었는지, 책을 읽고 이야기를 나누는 과정이 힘들진 않았는지 서로의 소감을 나눠 봅니다.

글쓴이	이재문
그린이	김지인
펴낸 곳	사계절
출간연도	2021년
키워드	#성장동화 #판타지 #사계절어린이문학상 #차별 #편견 #소수자

[1] - 《몬스터 차일드》

이렇게 재미있는 판타지는 처음이었다는 총평을 모두가 내놓았던 책입니다. 이 책으로 6학년 우리 반 아이들과도 독서 모임을 진행했는데요. 책을 싫어하는 아이들이 "선생님! 이 책은 이제부터 제 인생 책입니다!"라고 말할 만큼, 남녀노소 구분하지 않고 모두가 엄지를 추켜세웠던 책입니다. 초반부터 짜릿한 몰입감이 있는 책이기 때문에 진입 장벽이 낮습니다. 6학년의 첫 독서 모임 책으로 무조건 추천합니다!

해시태그 써 보기

이 책을 읽고 난 뒤 소감을 해시태그로 정리해 봅니다. 개수 제한은 두지 말고 자유롭게 써 본 뒤 하나씩 번갈아 가면서 말해 보면 재미있어요. 아이들이 주로 쓴 해시태그는 아래와 같습니다.

#질병 #장애 #소수자 #차별 #편견 #혐오 #사회적낙인

#지역이기주의 #다양성 #모험 #연대 #성장 #힘내 #2탄언제나와요

장별 줄거리 요약하기

《몬스터 차일드》는 모두 열여섯 개의 장으로 구성되어 있습니다. 아이 한 명이 열여섯 개의 장을 모두 정리하기보다는 몇 개씩 분담해서 하면 부담이 줄어든답니다. 또 요약을 어려워하는 아이들을 위해서 몇 개의 장은 예를 들어 주면 좋아요. 여기서 주의할 점이 있습니다! 절대 손으로 쓰게 하지 마세요. 아이들에게 쓰기 부담을 주는 순간 집중도가 떨어질 수 있기 때문입니다. 우리 독서 모임의 목표는 '많이 말하게 하기'라는 점을 명심하세요.

번호	각 장의 제목	중심 내용
1	프롤로그	
2	빨간 고기	**예시** 하늬는 예전 학교에서 '빨간 고기'를 좋아한다고 친구들의 놀림을 받은 적이 있다. 하늬와 산들이는 MCS 환자임을 감추기 위해 시골로 전학을 온다.
3	또 다른 MCS	**예시** 하늬는 같은 반에서 약을 먹지 않아서 완전 변이하는 또 다른 MCS 환자 연우를 본다.
4	훈련소	
5	뜻밖의 도움	
6	오해	
7	희망의 실마리	
8	내가 널 지켜 줄게	

9	믿고 싶은 것	
10	잿빛 털	
11	버림 받은 아이	
12	친구가 되어 줘	
13	불청객	
14	자격	
15	선물	
16	몬스터 차일드	

인상 깊었던 장면에 관해 이야기 나누기

《몬스터 차일드》는 기승전결이 비교적 확실한 구성의 동화책이라 점점 고조되는 긴장감을 누리면서 읽기에 좋습니다. 그래서 그런지 많은 아이가 이 책의 마지막 장면을 최고의 장면으로 뽑더라고요. 그렇지만 마지막 장면 말고도 보석 같은 장면이 많습니다! 또 어떤 아이는 책의 문장이 아니라 그림을 인상 깊은 장면으로 뽑기도 합니다. 아이들과 함께 깊이 이야기 나눠 보세요.

실제 대화 엿듣기

어른 : 엄마는 179쪽 장면이 기억에 남아요. 하늬가 엄마한테 묻잖아요. "만약에 고칠 수 없으면? 그런 나는 내가 아니야? 몹쓸 병이 있으면 엄마 딸이 아니야?"라고. 그랬더니 엄마가 울어요. 이제껏 한 번도 본 적 없는 얼굴로 울기 시작했다는 표현이 나와요.

아이 : 어떻게 엄마가 울었길래 한 번도 본 적 없는 얼굴로 울었다고 했을까요?

어른 : 하늬가 엄마에게 이렇게 거세게 털어놓기까지 하늬의 마음이 얼마나 힘들었을까, 또 그 이야기를 듣는 엄마는 얼마나 마음이 찢어졌을까 생각하니 엄마도 이 장면에서 정말 마음이 아프더라고요.

미니 토론

책 전반부에서 사람들은 MCS를 혐오하는 것은 물론, MCS 치료 센터를 혐오 시설로 생각해 치료 센터 건립에 반대합니다. 혐오 시설 건립에 반대하는 게 정의로운 것인지, 그렇지 않은지 찬반 토론을 해 보세요. 아이들과 나눌 수 있는 이야기는 아래와 같습니다.

	혐오 시설 건립에 반대하는 마음이 충분히 이해가 갑니다. (혐오 시설 건립 반대)	혐오 시설 건립에 반대하는 사람들의 마음에 공감하지 못하겠습니다. (혐오 시설 건립 찬성)
1	개인의 재산권을 침해합니다. 사람들은 혐오 시설이 없는 곳에서 거주하길 바랍니다. 따라서 혐오 시설 건립으로 인해 주택 가격이 하락하면, 개인의 재산권도 떨어집니다. 인간은 당연히 자신의 이익을 위해 주장할 수 있습니다.	더불어 사는 세상입니다. 자기 이익만 극대화하려고 타인을 배려하지 못하는 건 민주주의의 기본 원칙인 모두가 주인이 되는 것과 반대되는 이기주의입니다.
2	그 지역 사람들의 정서가 불안한 건 사실입니다. 솔직히 무섭고 불안합니다. 집은 편안해야 하는데 내가 사는 동네가 무섭고 불안한 동네라면 거주하는 사람들의 심리가 계속 불안할 겁니다.	혐오 시설이기는 하나, 사실은 꼭 필요한 시설입니다. 지금 당장 나와는 관계없어도 나중에 나와 관계있는 일이 될 수도 있습니다. 꼭 필요한 시설은 어디에든 꼭 세워져야 합니다.
3	혐오 시설 건립으로 인한 피해를 보상받고자 하는 건 거주민의 당연한 권리입니다.	아픈 건 개인의 잘못이 아닙니다. 누구나 언제든 아플 수 있고요. 병에 걸렸을 때 누구든 마음 편히 치료받을 수 있는 치료 시설은 무조건 늘려야 합니다.

소감 말하며 마무리하기

《몬스터 차일드》의 주인공들은 MCS라는 이유로 가정으로부터 버림받고, 차별을 받았어요. 그렇지만 주인공 하늬는 괴물인 줄만 알았던 존재가 사실은 자기 자신을 보호하기 위해서 나타난다는 사실을 깨닫게 되고, 괴물로 변한 자신의 모습도 또 다른 자신임을 인정하게 됩니다. 그러니까 이 이야기는 MCS 환자인 등장인물들이 믿을 만한 어른, 같은 아픔을 지닌 친구를 만나면서 성장하는 이야기입니다. 저는 아이들에게 믿을 만한 어른이 되어 주겠다는 약속을 했습니다. 아이들은 진정한 나를 사랑하는 것의 중요성, 차별하지 않는 삶의 태도를 배우고 싶다는 소감을 말했답니다.

[2] – 《어린이를 위한 나는 말랄라》

글쓴이	말랄라 유사프자이, 퍼트리샤 매코믹
옮긴이	박찬원
펴낸 곳	문학동네
출간연도	2019년
키워드	#교육받을권리 #꿈 #정의 #학교 #교육의힘 #난민 #문화다양성

어린이를 위한 나는 말랄라

위인전이 아닙니다. 자서전입니다. 파키스탄의 정세, 이슬람교도의 문화, 탈레반의 테러와 난민 이야기 등 한국 어린이들에게 생소할 수 있는 상황이 이 책에 담겨 있습니다. 우리나라의 이야기는 아니지만, 학교에 다니고 싶다는 간절한 소망이 담긴 열다섯 살 소녀의 자서전을 읽다 보면 지금 우리가 누리고 있는 것들에 진심으로 감사하게 됩니다. 더불어 우리가 그들을 위해 무엇을 할 수 있는지에 대해서도 '온 가족 책 읽기'를 진행하면서 이야기 나눠 보면 좋습니다.

해시태그 써 보기

이 책을 읽고 난 뒤 소감을 해시태그로 정리해 봅니다. 개수 제한은 두지 말고 자유롭게 써 본 뒤 하나씩 번갈아 가면서 말해 보면 재미있어요. 아이들이 주로 쓴 해시태그는 아래와 같습니다.

#난민 #최연소노벨평화상 #정의가바로서야한다 #여성차별금지
#공부할수있는권리 #내가누리는것의행복 #불의에맞서는용기

말랄라 유사프자이의 삶 요약하기

이 책은 말랄라 유사프자이의 삶을 그려낸 책인만큼, 말랄라 유사프자이의 삶을 정리하며 책을 요약해 봅니다.

2012년 10월, 파키스탄에서 열다섯 살 소녀가 탈레반에 의해 총격을 당했다는 보도가 있었습니다. 파키스탄에서는 납치와 살인, 폭탄 테러 등 탈레반이 저지르는 범죄가 잦았는데 어린 여자아이까지 공격했다는 사실에 전 세계가 분노했습니다. 총격을 당한 아이는 바로 말랄라 유사프자이. 이 아이가 피격을 당한 이유는 여학생도 학교에 다닐 수 있다고 말했기 때문이었어요. 탈레반의 피격 소식이 전해진 후, 파키스탄에서는 '나는 말랄라다.'라고 적힌 피켓을 든 학생 시위가 일어났어요. 또 유엔과 미국 대통령을 비롯한 수많은 유명 인사들이 말랄라를 지지했어요. 말랄라는 영국 버밍엄으로 옮겨져 기적적으로 건강을 회복했고, 2014년에는 역대 최연소 노벨 평화상 수상자로 선정되었답니다. 이후 말랄라 유사프자이는 옥스퍼드대학교에서 공부했고 2021년 12월에 결혼하여 행복한 가정을 꾸렸다고 해요.

말랄라의 아버지에 관해 이야기 나누기

　말랄라가 자신의 이야기를 끊임없이 외치고, 끝내 최연소 노벨 평화상을 수상하기까지 말랄라에게 가장 큰 영향을 끼친 사람은 바로 그녀의 아버지였어요. 이 책에서도 말랄라는 아버지를 자주 언급했습니다. 말랄라의 아버지는 어떤 사람이었는지, 말랄라의 아버지가 다른 파키스탄의 일반 아버지와는 어떻게 달랐는지 책 속에서 찾아보며 이야기를 나눠 보세요.

미니 토론 1 – 문화 다양성 vs 탈레반

　《어린이를 위한 나는 말랄라》를 읽다 보면, '어떻게 이런 문화가 있지?' 하고 깜짝 놀라게 됩니다. 아이들에게 말랄라 이야기를 읽으면서 낯설고 의아했던 것들, 우리와는 생각이나 문화가 달랐던 것들에 관해 이야기해 봅니다. 또 문화 다양성이라는 말을 알려 주면서 탈레반의 행동을 '문화 다양성'이라는 이름으로 존중해 주어야 하는지 아닌지에 대한 의견을 나눠 보세요.

실제 대화 엿듣기

　어른 : '문화 다양성'이라는 말을 들어 본 적이 있나요? 사회 시간에 나오는 말인 것 같은데, 탈레반의 이런 문화를 문화 다양성 시각에 비추어 존중해 주어야 할까요? 당신의 생각은 어떤가요?

　아이 : 저는 다양한 문화를 인정해 주어야 한다고 생각하지만, 탈레반의 문화는 문

화 다양성 시각에서 존중받을 수 없다고 생각해요. 일단 사람 목숨을 위협하잖아요. 사람 목숨을 위협하는 것을 문화라고 존중해 줄 수는 없어요.

미니 토론 2 - 빈민국의 교육 실태

배우고 싶어도 배울 수 없는 환경에 놓인 사람들이 많습니다. 그에 비해 우리는 '배움'의 기회가 아주 가까이에 있어서 늘 배울 수 있습니다. 우간다의 학교 이야기, 부룬디에 세워진 최정숙 학교 이야기도 찾아 읽으며 눈물 나게 치열한 말랄라의 삶과 연관 지어 보면 좋습니다. 이 과정에서 아이들이 어떤 생각을 했는지 허심탄회하게 이야기를 나눠 보세요. 꼭 찬반 토론이 아니더라도 의미 있는 원탁 토론이 될 것입니다.

> **▶ 아이들이 한 말말말 ◀**
>
> 1) 이토록 쉽게 배울 기회가 있다니 난 참 행운인 것 같다. 그동안 공부하기 싫어 투정을 부린 적도 많았는데, 그럴 때마다 공부하고 싶어도 할 수 없는 아이들도 있음을 떠올려야겠다.
> 2) 배우고 싶은데 배울 수 없다는 건 참 슬픈 일인 것 같다. 말랄라는 배울 수 없는 현실에 맞서 싸웠지만, 지금 이 순간에도 묵묵히 참고만 있는 많은 아이가 있다는 현실이 너무 슬프다.
> 3) 빈민국의 교육이 선진국의 교육보다 더 중요한 것 같은데, 선진국의 교육이 계속해서 발전하는 것과 달리 빈민국의 교육은 아직도 제자리걸음이며 빈민국과 선진국의 격차가 더욱 커지는 것 같아 안타깝다.
> 4) 우리나라 사람의 이름을 딴 학교가 아프리카에 세워진다니 참 자랑스러운 일이다. 나도 열심히 해서 남을 위하는 삶을 살 수 있도록 해야겠다.
> 5) 말랄라가 직접 발 벗고 뛰는 모습은 정말 감동적이다.

말랄라의 연설을 감상하며 독서 모임 마무리하기

유튜브에서 말랄라의 연설을 검색해 봅니다. 말랄라는 연설에서 한 명의 어린이, 한 명의 선생님, 한 권의 책, 한 개의 펜이 세상을 바꿀 수 있다고 말합니다. 테러리스트들은 어린 여학생이 학교에 가는 걸 포기하기를 바랐겠지만 달라진 점은 오히려 하나도 없고, 달라진 것이 있다면 나약함과 두려움이 사라진 것이라고 말했습니다. 말랄라는 어린이, 여성의 교육은 우리 모두를 살릴 수 있는 길이며 따라서 모두가 평등하게 교육받아야 한다고 주장합니다.

말랄라에게 꿈이 있었던 것처럼 우리 모두에게 꿈꿀 권리가 있고 꿈을 이룰 권리가 있기 때문에 말랄라는 이런 연설을 한 것이겠죠. 말랄라의 연설을 감상하며 '온 가족 책 읽기'를 마무리해 봅니다.

[3] – 《별빛 전사 소은하》

글쓴이	전수경
그린이	센개
펴낸 곳	창비
출간연도	2020년
키워드	#외계인 #우주 #게임 #성장도약

귀여운 소녀가 우주복을 입고 있는 표지가 요즘 아이들의 취향 저격입니다. 군이 표지 때문이 아니더라도 아이들에게 많은 사랑을 받는 책이에요. 판타지적인 재미 요소가 풍부한 동화책이라 단순 재미 위주의 킬링 타임용 동화책이 아닌가 싶지만 절대 그렇지 않습니다.《별빛 전사 소은하》로 진행하는 '온 가족 책 읽기', 이제 시작해 보겠습니다.

해시태그 써 보기

이 책을 읽고 난 뒤 소감을 해시태그로 정리해 봅니다. 개수 제한은 두지 말고 자유롭게 써 본 뒤 하나씩 번갈아 가면서 말해 보면 재미있어요. 아이들이 주로 쓴 해시태그는 아래와 같습니다.

#게임이야기는재밌어   #주인공이름을잘지은듯   #내꿈은지구평화   #외계인

#판타지중에제일꿀잼   #만약내가외계인이라면   #우리엄마도외계인?

장별 줄거리 요약하기

이 책은 열일곱 개의 장으로 구성되어 있습니다. 아이 혼자 모든 장의 내용을 요약하기는 쉽지 않아요. 《몬스터 차일드》에서 그랬던 것처럼 번갈아 가며 릴레이 요약을 해 보세요.

번호	각 장의 제목	중심 내용
1	내 별명은 외계인	
2	아이디 별빛 전사	
3	진짜 내 모습	
4	다른 인류로 산다는 것	
5	마지막 임무	
6	달라진 위치	

7	중요한 일	
8	게임과 현실	
9	이상한 징조	
10	나타나다 사라지다	
11	500만 광년을 지나	
12	비밀	
13	엄마와 지구	
14	유니콘피아 합동 작전	
15	마지막 칩의 진원지에서	
16	귀향	
17	별빛 전사 소은하	

장면 탐구

첫째, 은하처럼 초능력이 생긴다면 필요한 초능력은 무엇인가요? 둘째, 은하는 가끔 혼자만의 시간을 갖습니다. 그때마다 찾아가는 곳은 토리 빌딩

평화 피시방이었어요. 가끔 혼자 있고 싶을 때가 있나요? 나만의 스트레스 해소법에 관해 이야기해 봅시다. 셋째, 은하는 엄마의 장례식을 마친 뒤 헥시나로 가지 않고 지구에 남기로 합니다. 은하의 이 선택에 대한 생각을 말해 보세요.

미니 토론 – 나는 게임 찬성론자? 게임 반대론자?

61쪽은 게임에 대한 은하의 생각이 잘 드러난 부분입니다. 은하는 게임에 관해 어떤 생각을 하고 있는지 아이들과 이야기를 나눠 봅니다. 여가 시간에 게임을 하는 것을 두고 여러 견해가 있을 수 있습니다. 게임 찬성론자는 어떤 근거로 게임을 찬성하는지, 게임 반대론자는 어떤 근거로 게임을 반대하는지 정리해 봅니다. 게임 찬성론자인지, 반대론자인지 주장을 펼쳐 보면 재미있답니다.

소감 말하며 마무리하기

《별빛 전사 소은하》는 판타지 동화입니다. 덕분에 우리는 은하의 진취적인 삶의 태도를 간접 체험할 수 있었어요. 악당을 물리치는 과정에서의 짜릿한 카타르시스와 더불어 은하가 내면의 힘을 키워 진정한 '별빛 전사'로 성장하는 모습을 바라볼 수 있었습니다. 은하의 모습에서 우리가 배울 수 있는 점은 무엇일지 이야기 나누며 '온 가족 책 읽기'를 마무리해요.

[4]-《닭인지 아닌지 생각하는 고기오》

글쓴이	임고을
그린이	김효연
펴낸 곳	샘터사
출간연도	2019년
키워드	#정체성 #나 #동물

책의 두께를 보면 저학년 동화인가 싶습니다. 책의 두께는 얇지만, 처음 읽고 나면 아리송해지는 특유의 느낌이 있어서 무조건 다회독을 할 수밖에 없는 동화책이지요. 책의 느낌을 더 신비롭게 해 주는 삽화를 구경하는 재미도 쏠쏠한 책입니다. 누구에게나 크고 작은 고민이 있지요. 그런데 정말 대단히 중요한 질문을 하는 주인공이 여기 있어요. 바로 주인공 '고기오'입니다. 나는 누구인가? 이 질문 하나를 두고 펼쳐지는 고기오의 이야기. '온 가족 책 읽기'로 꼭 진행해 보세요.

해시태그 써 보기

이 책을 읽고 난 뒤 소감을 해시태그로 정리해 봅니다. 개수 제한은 두지 말고 자유롭게 써 본 뒤 하나씩 번갈아 가면서 말해 보면 재미있어요. 아이들이 주로 쓴 해시태그는 아래와 같습니다.

#내가나를모르는데   #난들너를알겠느냐   #그것이알고싶다나는누구인가
#고기오화이팅   #고기오의모험이야기   #정체불명의동물고기오

인상 깊었던 장면에 관해 이야기 나누기

《닭인지 아닌지 생각하는 고기오》는 첫 장면부터 아리송한 느낌을 자아내기 충분합니다. 자신이 누구인지 모르는 동물이 등장하니까요. 부모도 형제도 없고, 어린 시절의 기억조차 없어요. 두더지, 타조, 펭귄과 함께 살아 보려 하지만 모두 실패합니다. 그러다 자신과 닮아 보이는 닭의 무리까지 흘러들어가 스스로에게 묻습니다. '나는 닭일까?'라고요. 인상 깊었던 장면, 문장, 삽화에 관해 이야기 나눠 보세요.

실제 대화 엿듣기

아이 : 26쪽에 "내가 닭이 되면, 고기오라는 이름이 얼마나 멋진지 보여 주겠어!"라고 다짐하는 장면이 나오는데, 저는 이 장면이 기억에 남아요. 뭔가 적극적인 의지가 엿보인달까? 그리고 정말 닭이 되고 싶어 하는 마음이 너무 간절해서 안타깝기도 하고요.

어른 : 맞아요. 그런데 엄마는 이 장면에서 왠지 고기오가 닭이 아닌 것 같다는 생

각이 들었어요.

고기오 입장이 되어 인터뷰해 보기

《닭인지 아닌지 생각하는 고기오》는 길이가 긴 동화책은 아니어서 줄거리 요약은 생략하고, 대신 고기오 입장이 되어 인터뷰해 보는 코너를 진행했답니다. 왜냐하면 이 책은 고기오의 심리 변화에 주목해서 읽어야 '진짜 내가 누구인지'에 대해 몰입해서 생각할 수 있기 때문이지요. 인터뷰 질문은 아래와 같습니다.

1. 안녕, 고기오? 《닭인지 아닌지 생각하는 고기오》 잘 읽었어. 처음엔 자기 자신이 누군지 모른다는 네가 바보 같았는데, 읽을수록 나도 네가 누군지 궁금하더라고. 너는 타조도 돼 보고, 펭귄도 돼 보고, 사슴도 돼 봤잖아? 그런데 왜 하필 마지막에 닭이 되고 싶었던 거야?

2. 닭이 되고 싶다는 너의 기분은 뭘까 생각해 보았어. 나는 닭이 되고 싶다고 생각해 본 적이 없어서 그 마음이 어떤 마음인지 잘 모르겠는데, 혹시 우리가 '부자'가 되고 싶고, '연예인'이 되고 싶고, '선생님'이 되고 싶고 뭐 이런 거랑 비슷한 걸까?

3. 그런데 고기오! 이건 정말 궁금했던 건데, 넌 그렇게 닭이 되고 싶고 닭이 되려고 했으면서 왜 책의 마지막 부분에서는 '이제 닭이 아니어도 된다.'라고 한 거야? 어떻게 하다가 그런 생각에 도달한 거야?

4. 고기오! 생각해 보니 내가 누구인지를 몰랐던 시간, 그리고 내가 누군지 알아내기 위해 고생했던 시간이 참 힘들었을 것 같아. 그런데 혹시 내가 누구인지 몰라서 좋은 점도 있었어?

실제 대화 엿듣기

아이 : 내가 누구인지 모르는 상태는 정말 답답한 상태였겠지만, 그래도 닭의 무리랑 지낼 때는 닭이 되고자 노력하고, 펭귄과 지낼 때는 펭귄이 되고자 노력했던 날들이 오히려 고기오의 능력치를 월등하게 키우는 데 도움이 되었을 것 같아요.

어른 : 오, 너무 멋진 말이에요!

미니 토론 1 – 고기오는 닭이다? vs 닭이 아니다?

이 동화책이 끝까지 아리송한 이유는 고기오가 닭인지 아닌지 그 결말이 드러나지 않기 때문입니다. 그래서 결말을 두고 여러 해석을 할 수 있지요. 아이들과 함께 이 책의 결말에 관해 이야기를 나눠 보세요.

실제 대화 엿듣기

어른 : 고기오는 닭이 아니라고 생각하는 사람?

아이 : 저요. 저는 고기오가 닭은 아닌 것 같아요. 닭이 아니라는 증거가 너무 명확해서요.

어른 : 그런데 엄마는 닭일 수도 있겠다는 생각도 들어요. 마치 돌연변이처럼 말이에요. 사람 중에서도 키가 엄청나게 큰 사람도 있고, 힘이 엄청나게 센 사람도 있고 다양하잖아요? 고기오도 그런 게 아닐까요? 닭이긴 한데 좀 돌연변이인 것일 뿐 닭은 맞는 거 같아요.

아이 : 그런데 고기오가 닭인지 아닌지는 별로 중요하진 않을 것 같아요. 고기오는 자기가 누군지 몰라도 엄청나게 잘 살 것 같아요.

미니 토론 2 - 메타 인지 테스트! 나를 아는 것은 왜 중요할까?

메타 인지는 '내가 무엇을 알고 있는지를 아는 능력'입니다. 예컨대 나 자신을 제대로 알고 있는 사람은 메타 인지 능력이 높은 거지요. 내가 누구인지, 나는 어떤 능력을 가지고 있는지를 알고 있는 게 왜 중요한지에 대해서 원탁 토론을 펼쳐 보세요. 또 유튜브에 메타 인지 테스트도 있으니 재미 삼아 아이들과 진행해 보는 것도 추천해 드립니다.

실제 대화 엿듣기

어른 : 메타 인지라는 말 들어 봤나요?

아이 : 우리 동네 수학 학원 이름이 메타 인지 수학 학원이던데.

어른 : 메타 인지가 뭐냐면, 내가 뭘 알고 있는지를 아는 거예요. 그러니까 나에 대해 많이 알고 있는 사람일수록 메타 인지가 높은 거지요.

아이 : 고기오는 메타 인지 능력이 0이었는데 점점 더 높아진 거네요?

어른 : 그렇다고 볼 수 있겠죠? 지윤이는 메타 인지 능력이 왜 중요하다고 생각해요?

아이 : 메타 인지 능력이 높은 사람은 적당히 도전하고 적당히 포기할 것 같아요.

어른 : 그게 무슨 말이죠?

아이 : 내가 뭘 잘하고 내가 뭘 못하는지를 알고 있으니까 너무 힘든 일은 애초에 시작도 안 할 것 같고, 적당한 목표는 도전할 것 같아요. 한마디로 시간 낭비를 안 할 것 같아요.

어른 : 엄마가 유튜브에서 메타 인지 테스트를 봤는데, 재미 삼아 한번 해 볼까요?

소감 말하며 마무리하기

고기오는 끊임없이 나를 알아 가려 했고, 나를 이해하려고 했습니다. 고기오의 삶에서 우리가 배울 수 있는 점은 무엇인지 이야기 나누며 '온 가족 책 읽기'를 마무리해요.

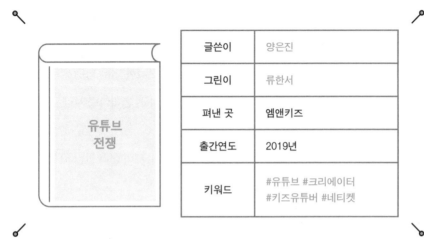

[5] - 《유튜브 전쟁》

글쓴이	양은진
그린이	류한서
펴낸 곳	엠앤키즈
출간연도	2019년
키워드	#유튜브 #크리에이터 #키즈유튜버 #네티켓

유튜브가 10대 초등학생의 일상을 장악하고 있어요. 그렇기 때문에 이 책은 제목만으로도 아이들의 흥미를 돋웠던 책이었습니다. 유튜브는 이제 새로운 학교이자 놀이터라고 해도 과언이 아니죠. 그렇지만 분명히 문제도 있습니다. 그 상황을 여실히 담아낸 동화책. 이 동화책으로 '온 가족 책 읽기'를 하면 정말 나눌 수 있는 이야기가 많아요!

해시태그 써 보기

이 책을 읽고 난 뒤 소감을 해시태그로 정리해 봅니다. 개수 제한은 두지 말고 자유롭게 써 본 뒤 하나씩 번갈아 가면서 말해 보면 재미있어요. 아이들이 주로 쓴 해시태그는 아래와 같습니다.

#실제로이런일이일어나진않겠지 #유튜브가무조건좋은건아니다

#어디에서나일부가문제 #유튜브예절은당연히지켜야해

#인플루언서되기는어렵다 #착한유튜버도많아요

인상 깊었던 장면에 관해 이야기 나누기

《유튜브 전쟁》도 사건의 발단, 전개, 위기, 절정, 결말의 구조가 비교적 뚜렷하게 드러나는 이야기입니다. 게다가 유튜브 구독자를 많이 모으기 위해 저지르는 철없는 행동이 많이 충격적이기도 해요. 그래서 인상 깊었던 장면을 이야기 나눠 보니, 아이들이 봇물 터지듯 이야기를 많이 들려주었답니다. 어떤 장면이 기억에 남았는지 꼭 이야기 나눠 보세요.

줄거리 요약하기

마리는 소심하고 무기력해서 친구가 거의 없어요. 냉동 밥을 혼자 데워 먹고 무서움에 눈물짓는 외로운 아이죠. 마리는 길고양이 한 마리를 만납니다. 그리고 유튜브에 마리 이야기를 올리죠. 그러던 어느 날 유진이가 마리에게 다가옵니다. 하지만 마리는 유진이에게 마음을 열지 못해요. 한편, 1인 크리에이터가 되고 싶은 호진이가 마리에게 유튜브 편집을 부탁합니다. 호진이는 구독자 수를 늘리고 싶은 마음에 자극적인 영상을 올리는 큰 실수를 하고 말아요. 자신의 잘못을 뉘우치는 호진이, 친구를 향해 마음을 열기 시작한 마리. 그리고 유진이. 결국 이 셋은 진정한 친구로 거듭나게 됩니다.

줄거리를 요약하는 데 너무 많은 시간을 쓰지 않았습니다. 왜냐하면 이번 독서 모임은 유튜브에 관해 토론하는 것이 핵심이었기 때문입니다.

미니 토론 1 - 키즈 유튜버 무엇이 좋고, 무엇이 문제인가?

키즈 유튜버의 좋은 예인 100만 유튜버 '마이린 TV'에 대한 이야기가 담긴 신문 기사를 읽을거리로 준비했습니다. 함께 읽어 보고, 키즈 유튜버만이 누릴 수 있는 장점에 관해 이야기를 나눠 보았습니다. 또 키즈 유튜버의 문제점이 담긴 신문 기사도 준비했습니다. 키즈 유튜버가 자칫 문제가 될 수 있는 부분이 무엇인지 신문 기사에서 찾아보며 이야기를 나눴습니다.

미니 토론 2 - 키즈 유튜버 보호 정책에 찬성합니다 vs 반대합니다

유튜브 내 키즈 유튜버 지침에 대해 알고 계시나요? 유튜브에서는 만 14세 미만 아동이 나오는 콘텐츠에 대해 댓글을 금지하고 있습니다. 또 만 14세 미만 아동의 라이브 방송도 금지하고 있고요. 또 키즈 콘텐츠는 금전적 보상을 제공하지 않는다는 지침도 있습니다. 그런데 이런 지침에 관해 사람들의 생각이 엇갈립니다. 너무 과한 조치라고 생각하는 사람이 있는가 하면, 지금의 지침도 너무 허술하다고 생각하는 사람이 있는 거죠. 아이들과 함께 키즈 유튜버 보호 정책에 대한 생각을 나눠 보았습니다.

찬성	반대
유튜브 조회 수를 늘리려다 보면 아동 학대 논란이 일어날 수 있다. 유해한 콘텐츠가 만들어지거나, 위험한 행동을 아이들이 따라 할 수도 있기 때문이다. 몸무게 15킬로그램인 쌍둥이가 10킬로그램 대왕 문어를 먹는 유튜브 콘텐츠도 있었다.	생방송 금지, 댓글 금지 같은 건 유튜브의 기본 원칙과 다른 것이다. 유튜브를 하는 이유가 사람들끼리의 원활한 소통을 하기 위함인데, 댓글도 못 보고, 라이브도 못 하게 되면 쌍방향 소통이 아니라 일방향 소통이 된다. 키즈 크리에이터 같은 경우, 다른 사람들의 댓글을 보고 싶어 할 텐데 이런 것을 제약하면 유튜브를 하는 의미가 없다.
유튜브 중독이라는 부작용이 있을 수 있다. 유튜브를 찍으려면 스마트폰이 필요한데 아무래도 스마트폰에 많이 노출되니 유튜버 보호 정책은 필요하다.	표현의 자유를 침해한 것이다. 표현의 자유는 누구나 가지는 자유권인데, 이것을 침해하는 건 아이들이 원하는 것들을 스스로 생각할 수 없게 만드는 것과 같다. 아이들이 유튜브를 하면서 꿈도 찾을 수 있고, 좋은 영향을 받을 수도 있는데 무조건 제한하는 건 옳지 않다.

소감 말하며 마무리하기

유튜브는 우리 아이들과 떼려야 뗄 수 없는 생활 반경 안에 놓여 있는 것이라, 이번 독서 모임의 마무리가 무엇보다 중요합니다. 이번 책 《유튜브 전쟁》 속 유튜버들에 대한 생각을 말해 보며 '온 가족 책 읽기'를 마무리합니다. 또 유튜버가 지녀야 할 태도, 반대로 구독자로서 지켜야 할 태도에 관해서도 이야기를 나눠 봄 직합니다.

안녕하세요. 김수현 작가의 첫째 딸 한지윤입니다. 매달 한 권의 책을 읽는 일이 결코 쉬운 일은 아니라고 생각합니다. 그래서인지 제게는 일종의 도전이기도 했어요. 그러나 저는 '온 가족 책 읽기'를 통해 엄마, 그리고 친구와 함께 책을 완독하는 즐거움을 느낄 수 있었고 성취감도 얻을 수 있었습니다. '온 가족 책 읽기'에서 가장 기억에 남았던 책은 《푸른 사자 와니니》입니다. 당시 초등학교 3학년이었는데 처음으로 두꺼운 책을 읽었다는 성취감이 들었거든요. '온 가족 책 읽기'를 한 뒤에 쓴 독후감으로 상을 받았던 《갈매기에게 나는 법을 가르쳐준 고양이》도 생각나네요. 가장 최근에 함께 읽었던 《워싱턴 블랙》은 주인공이 계속되는 어려움을 겪으면서도 끝까지 포기하지 않는 모습이 인상 깊었어요.

　'온 가족 책 읽기'가 아니었다면 저는 책을 싫어하는 아이로 남았을지도 몰라요. 세상에는 책 말고도 재미있는 것들이 너무 많거든요. 하지만 '온 가족 책 읽기'를 통해 좋은 책을 골라 함께 읽으며 많은 이야기를 나눌 수 있었고, 덕분에 책 읽기의 즐거움도 발견할 수 있었답니다. 그래서 책을 어떻게 읽어야 할지 모르시는 분, 책에 대한 재미를 느끼지 못하시는 분들에게 '온 가족 책 읽기'를 꼭 추천하고 싶습니다. 실제로 '온 가족 책 읽기'를 시작하실 때 이 책이 큰 도움이 되었으면 좋겠습니다.

■ 성신여자중학교 2학년, 첫째 딸 한지윤

안녕하세요. 김수현 작가의 둘째 딸 한지우입니다. 제가 '온 가족 책 읽기'를 좋아하는 이유는 엄마, 그리고 친구와 함께 책에 관해 이야기할 수 있었기 때문입니다. 어려운 책을 온전히 이해하기 위해 한 권의 책을 여러 번 읽어 내는 일도 '온 가족 책 읽기' 덕분에 가능했습니다. 만약 '온 가족 책 읽기'가 아니었다면 어려운 책을 끝까지 읽어 낼 수 없었을 거예요. 그렇게 여러 번 읽어 책 내용을 온전히 이해하고 나면 정말 큰 보람을 느낄 수 있었답니다. 제가 지금까지 '온 가족 책 읽기'를 통해 읽은 책은 모두 열일곱 권인데요. 그 중에서도 가장 인상 깊었던 책은 《푸른 사자 와니니》입니다. '온 가족 책 읽기'의 첫 책이었는데 읽는 내내 정말 짜릿했어요. 그리고 '온 가족 책 읽기'를 할 때 가장 재미있었던 활동은 '낱말 빙고'였습니다. 뜻에 해당하는 낱말을 책에서 찾고, 그 낱말들로 빙고 놀이를 하는 건데 유익하기도 하고 재미있기도 했어요. 여러분도 '온 가족 책 읽기'를 통해 책 읽기의 기쁨과 감동을 누리시길 바라요.

■ 서울정덕초등학교 4학년, 둘째 딸 한지우

저는 평소에 비문학 도서보다는 소설책, 소설책 중에서도 어렵지 않은 책들을 골라 읽으면서 책을 편식하는 경향이 있었습니다. 하지만 지윤이와 '온 가족 책 읽기'를 하면서 배경지식이 풍부하고 학습적으로도 도움이 되는 책들을 골고루 읽게 되었습니다. 논술 학원에서는 단순히 책에 관한 문제만 풀고 책의 내용을 바탕으로 하는 글쓰기 과정은 없었는데요. '온 가족 책 읽기'에서는 책에 관한 배경지식과 책의 내용을 깊이 있게 탐구하며 이야기를 나눈 후, 그에 관한 글쓰기를 하니 글의 수준이 높아져서 좋았습니다. 온 가족이 책 읽기를 통해 도란도란 이야기를 나눌 수 있는 '온 가족 책 읽기', 모두에게 권하고 싶습니다.

■ 길음중학교 2학년, '온 가족 책 읽기' 멤버 임은서

김수현 선생님의 교실에서는 늘 책 읽는 소리가 들려옵니다. 그에 맞춰 아이들이 힘 있게 책장 넘기는 소리도 들려오고요. 그래서 저도 아이들에게 먼저 책을 소리 내어 읽어 주며 함께 웃고 고민하고 생각하는 시간을 가져 보았습니다. 교사가 책 읽기의 동반자가 되어 주니 아이들도 더욱 깊이 책 속의 이야기에 빠져 자신만의 세상을 조금씩 넓혀 가는 모습을 보였습니다. 저에게 함께 읽고 성장하는 기쁨을 알려 주신 김수현 선생님께 감사드립니다. 김수현 선생님의 독서 지도 경험이 가득 담긴 이 책이 여러분의 든든한 읽기 동반자가 되었으면 좋겠습니다.

■ 서울홍연초등학교 교사 조혜수

'온 가족 책 읽기'를 통해 부모와 자녀가 함께 세상과 우주를 만나는 시간! 최고의 엄마이자 교사인 김수현 선생님이 가정과 학교에서 다년간 실천해 온 함께 읽기 경험이 이 책에 담겨 있습니다. 아이가 초등학교 1학년이었

을 때 시작한 '온 가족 책 읽기'는 중학교 2학년 때까지 이어지면서 엄마와 아이가 함께 성장하는 시간을 마련해 주었습니다. '온 가족 책 읽기'는 나를 이해하고 우리를 이어 주는 끈이 되었고, 아이들로 하여금 불확실한 시대와 혼돈의 사춘기를 지나면서도 자신만의 신념을 가진 단단한 사람으로 자라날 수 있도록 도와주었습니다. 자녀와 책을 읽으며 더욱 깊이 소통하기 원하지만, 여전히 막막하고 주저되는 분들에게 이 책을 추천합니다. 이 책은 자녀와의 즐거운 책 여행길에 친절한 가이드 북이 될 것입니다. '바로 지금 여기서' 가까운 이웃과 '온 가족 책 읽기'를 시작해 보시길 바랍니다.

■ 서울아주초등학교 교사 정소영

'온 가족 책 읽기'를 시작하기 전에는 이게 도움이 될까 생각했습니다. 그런데 본격적으로 시작해 보니 이전과는 달리 책의 내용이 더 오래 기억나더라고요. 여러분도 속는 셈 치고 한번 시작해 보시기 바랍니다. 무엇보다 이런 좋은 경험은 어른들이 먼저 손 내밀고 문을 열어 줘야 다음 세대로 자연스럽게 이어지더라고요. '온 가족 책 읽기'를 통해 아이들이 그야말로 인생 경험을 할 수 있으리라 믿어 의심치 않습니다.

■ '온 가족 책 읽기' 초대 멤버 홍예은

독서의 중요성을 이야기하는 책은 이미 많습니다. "독서가 공부 머리를 키운다. 수학도 결국엔 독서력이다. 문해력이 성적을 결정짓는다."라는 말은 이제 귀에 딱지가 앉을 지경이지요. 책의 힘은 강력해 보입니다. 그야말로 독서 만능론의 시대 같습니다. 서점에 나가 자녀 교육 분야 도서에 눈길을 주면 알 수 있어요. 독서의 중요성을 설파하는 책이 80퍼센트 이상입니다. 그런데 어떤 부모님들에게는 독서 만능론이 부담스럽고 피곤하기만 합니다. 왜냐하면 우리 아이는 책과 친하지 않으니까요. 그런 부모님들에게 독서 만능론은 우리 아이의 능력을 발목 잡는 것 같아서 불안감을 더할 뿐입니다.

저까지 그것에 보탬을 더해 독서 만능론을 강조해서 알리고 싶지는 않았습니다. 저는 이 책에서 '독서가 모든 것을 이긴다.'라는 누구나 이미 알고 있는 내용 말고, 좀 더 구체적인 방법을 이야기하고 싶었습니다. 책을 읽는 것에만 그치지 않고, 한 권을 읽더라도 제대로 읽는 방법에 대해 아주 친절하게 알려 드리고 싶었습니다. 아이와 함께 책에 관해 대화를 나누고 싶은 로망이 있는 분이 있다면, 가는 길을 붙잡고라도 더욱 간절한 마음으로 알려 드리고 싶었습니다.

　독서 토론은 마냥 어려워 보입니다. 독서와 토론이라는 말 자체가 우리와 친하지 않아서 그렇겠죠. 우리 세대는 생각을 수렴하는 것에 편안함을 느낍니다. 내 생각을 누군가에게 이야기하는 것도 어려운데, 더구나 설득까지 해야 한다니 생각만으로도 가슴이 쿵쾅거리잖아요. 그래서 이 책을 통해 마냥 어렵게만 보이고, 전문가들만이 가능해 보이는 독서 토론을 가정에서도 쉽게 할 수 있는 방법을 알려 드리려고 했습니다.

　독서 교육을 전공하지도 않은 내가 과연 독서 나눔에 대한 책을 쓸 수 있을까. 스스로에게 계속 물었습니다. 하지만 그 대상이 '어린이'이니까 충분히 할 수 있겠다며 스스로를 독려했습니다. 저는 두 아이의 양육자이면서, 동시에 교실에서 어린이들과 항상 이야기 나누는 것이 직업이니까요. 어린이와는 떼려야 뗄 수 없는 사이니까요. 할 수 있다는 확신을 품었습니다. 이 기회를 빌어 서울정수초등학교 '속닥속닥 북클럽' 멤버 어린이들에게 깊은 감사를 전합니다.

　SNS를 통해 만나는 수많은 학부모님과 독자도 큰 힘이었습니다. 선생님께서 추천한 책은 단 한 번도 실패가 없었다는 댓글, 선생님이 쓰신 책은 정말 늘 꼭 필요한 내용이라는 댓글, 선생님이 아이들과 책 한 권으로 어떻게 이야기를 풀어 내시는지 몹시도 궁금하다는 댓글, 그것을 공유해 주셔서 감사하다는 피드백 덕분에 이 고된 원고 작업을 또 시작할 수 있었습니다.

　솔직히 말하면, 이 책에 담긴 내용은 아이와 저만의 추억으로 간직하려 했었습니다. 책을 읽고 아이와 도란도란 이야기를 나누는 일은 특별하지 않은 일상 같은 거라 생각했기 때문입니다. 책 한 권을 가지고 어린이와 이야기 나누는 일을 친절하게 풀어내 보리라 다짐하게 해 주신 모든 분에게 감사드립니다.

이번 책은 조금 특이합니다. 마치 친한 지인에게 이야기하듯이 써 봤습니다. 저는 개인 유튜브 채널을 운영하고 있지 않은데요. 영상만 없을 뿐이지 정말 카메라 앞에서 수다 떤다는 느낌으로 적었습니다. 기존의 제 책들과는 다른 느낌일 텐데 이 또한 어떻게 읽어 주실지 기대가 됩니다. 그리고 여러분, 혹시 제 이야기를 읽으시다가 질문이 생기면 언제든 제게 문을 두드려 주세요. 저도 여러분과 독서 모임에 관해 수다 떨 준비를 하고 있겠습니다.

여러분은 하루 중 몇 시간 정도를 생각하는 데 보내시나요? 질문을 바꿔 볼게요. 여러분은 하루에 몇 가지 생각을 하시나요? 연구에 따르면 우리는 하루에 오만 가지가 넘는 생각을 한다고 합니다. 오만 가지의 생각이라니 우리 뇌는 지금도 열심히 일하고 있겠군요. 그런데 오만 가지 생각 중에는 나의 의지와는 상관없이 자동으로 재생되는 생각이 대부분이라고 해요. 내가 억지로 생각하려고 하지 않아도 저절로 떠올라 버리는 생각이 대부분을 차지하고 있는 거죠.

그래서 내가 평소에 하는 생각이 삶의 질에 영향을 끼칠 수밖에 없습니다. 교실 현장에서도 여실히 느껴져요. 스스로 할 수 있다고 믿는 아이는 어떻게든 해내려고 노력합니다. 갖은 노력을 기울이니 결국은 해내게 되고, 그 해낸 경험이 또 생각의 기저를 탄탄하게 해요. 아이는 더 어려운 문제 상황에 빠져도 자동으로 생각을 재생시킵니다. 나는 할 수 있는 사람이잖아!

반사 반응처럼 무의식적으로 떠오르는 생각들을 우리가 억지로 가지 칠 수 있을까요? 네, 있습니다. 그런데 어렵죠. 오만 가지잖아요. 오만 가지 생각들 하나하나 우리가 억지로 어떻게 가지를 칠 수 있겠어요. 스트레스가 몹시 쌓이는 어려운 일입니다.

하지만 생각은 감정을 지배합니다. 우리 뇌의 신경 회로는 끊임없이 변화합니다. 우리가 어떻게 생각하느냐에 따라 뇌의 신경 회로가 수정되죠. 그러니 의도적으로라도 그 생각을 조금 더 바른 방향으로 조정해야 해요. 독서는 그것을 위한 방법 중 하나입니다. 우리가 자주 하는 생각이 결국 우리 삶을 바꾼다는 사실을 잊으면 안 됩니다.

아이와 제가 '온 가족 책 읽기'를 하면서 진짜로 얻을 수 있었던 건 눈에 보이지 않는 것들입니다. 아이가 쓰는 어휘가 달라졌고, 아이의 생각이 유연해졌어요. 어떤 일을 대하는 아이의 태도가 바뀌었습니다. 아이는 자신의 현실을 책을 통해, 또 독서 모임에서 나눈 대화를 통해 생각을 키우며 창조하고 있었어요. 책하고 이야기를 나누면서 아이들은 자기 생각에 개입하는 힘을 길렀습니다. 초등학교 3학년의 어린 나이이지만 자기 생각을 세우고, 자기 감정을 통제하는 힘을 가지게 되었습니다. 이것은 '온 가족 책 읽기'가 가져다준 가능성이고 잠재력이었어요. 아이들 스스로도 이 힘을 느꼈는지, 아이들이 먼저 물었어요. "다음 책은 뭐예요? 우리 언제 만나요?"라고요. 아이의 현재는 우리를 기다려 주지 않아요. 주저하지 말고 시작하세요!

아이의 문해력이 자라나고 가족 간의 대화가 깊어지는

온 가족 책 읽기 혁명

초판 1쇄 발행 2024년 10월 10일

지은이 김수현
펴낸이 민혜영
펴낸곳 (주)카시오페아
주소 서울특별시 마포구 월드컵로14길 56, 3~5층
전화 02-303-5580 | **팩스** 02-2179-8768
홈페이지 www.cassiopeiabook.com | **전자우편** editor@cassiopeiabook.com
출판등록 2012년 12월 27일 제2014-000277호

ⓒ 김수현, 2024
ISBN 979-11-6827-231-6 03370